本书出版获得国家高端智库专项经费以及
浙江大学区域协调发展研究中心、浙江大学中国西部发展研究院的资助。

Service-Learning and Social Entrepreneurship in Higher
Education: A Pedagogy of Social Change

高等教育中的服务学习与社会创业

关于社会变革的教育学

[美]桑德拉·L.伊诺斯（Sandra L. Enos） 著

倪 好 译

ZHEJIANG UNIVERSITY PRESS
浙江大学出版社
·杭州·

图书在版编目（CIP）数据

　　高等教育中的服务学习与社会创业：关于社会变革的教育学／（美）桑德拉·L.伊诺斯（Sandra L. Enos）著；倪好译. -- 杭州：浙江大学出版社，2024.3
　　书名原文：Service-Learning and Social Entrepreneurship in Higher Education：A Pedagogy of Social Change
　　ISBN 978-7-308-24263-9

　　Ⅰ. ①高… Ⅱ. ①森… ②倪… Ⅲ. ①高等学校－创造教育－研究 Ⅳ. ①G640

中国国家版本馆CIP数据核字（2023）第209386号
浙江省版权局著作权合同登记图字：11-2023-381号

高等教育中的服务学习与社会创业：关于社会变革的教育学

[美]桑德拉·L.伊诺斯（Sandra L. Enos）　著

倪　好　译

策划编辑	包灵灵	
责任编辑	仝　林	
责任校对	杨诗怡	
封面设计	雷建军	
出版发行	浙江大学出版社	
	（杭州市天目山路148号　　邮政编码　310007）	
	（网址：http：//www.zjupress.com）	
排　　版	杭州林智广告有限公司	
印　　刷	广东虎彩云印刷有限公司绍兴分公司	
开　　本	710mm×1000mm　1/16	
印　　张	9.25	
字　　数	120千	
版 印 次	2024年3月第1版　2024年3月第1次印刷	
书　　号	ISBN 978-7-308-24263-9	
定　　价	49.00元	

荐序一

社会创业教育既是高等教育的一种新形态，也是创业教育的社会延伸与学科拓展。作为社会创业教育的发源地，哈佛大学在20世纪90年代中期开始这方面的探索。进入21世纪以来，社会创业教育在美国、英国、日本、印度等国家取得了较快发展，如哈佛大学的社会创业计划（Social Enterprise Initiative）、斯坦福大学的社会创新中心（Center for Social Innovation）、杜克大学的社会创业发展中心（Center for the Advancement of Social Entrepreneurship）、牛津大学的斯科尔社会企业中心（Skoll Center for Social Entrepreneurship）等成为社会创新创业领域研究、教学和服务的重镇。国外一流院校通过开发融合性社会创业教育课程、多元体验学习平台、协作型创业教育共同体等途径，培育新时代社会创业人才，助力破解全球性、区域性社会难题，其经验值得我国大学生创新创业教育改革借鉴。

我国社会创业教育领域开展了一系列标志性工作，例如：在各级各类创业赛事中增加了公益创业赛道；在各种大学生创业项目中更加重视其社会效益、生态效益等；多本以"社会创业"为主题的教材面世；北京大学、浙江大学、中央民族大学等高校共同发起"社会创业青年论坛"；不同高校的创业基础课程中增加社会创业的内容，激励更多学子投身公益事业；等等。这些工作为未来社会创业教育奠定了较好的基础。但是，社会创业教育也面临着一系列问题：如何从简单开设课程过渡到系统性培养专门人才？如何从商学院拓展至全校其他学科？如何让更多的非营利组织参与高校人才培养？如何完善社会企业自身的内部治理？如何将社会创业与共同富裕、乡村振兴、生态文明建设相衔接？等等。这些难题有待于人们破解。

本书作者伊诺斯女士是一位致力于社会创业教育研究的美国学者，也是社会创业领域的实践者。她积极从事社会创业领域的理论研究与实践工作，创办并运行"超越盒子的馈赠"①等多个社会企业项目，将毕生所学、所教运用于实践，以促进社会创业发展。她长期从事相关教学和研究工作，对美国高校的社会创业教育具有深刻的了解。在本书中，她深入阐述了创业教育的重要问题，例如：发轫于大学之外的社会创业，为什么得到高等教育领域的青睐，逐步在大学中获得一席之地，并融入了学科建设？社会创业和创业教育、服务学习、志愿活动等有什么共同特征及本质区别？社会创业在高等教育中处境如何，其制度化推进会遭遇哪些障碍？未来社会创业的发展机遇和挑战是什么？作者对这些问题的分析有助于该领域的研究者和实践者思考。

服务学习也是本书的主题之一。服务学习在美国的源起比较复杂，也是当代高等教育的热点。综观美国高等教育发展历史，人们不难发现，服务学习与美国高等教育对公共使命的追求、大学社会服务职能的履行、志愿和服务精神的传统等密切相关。如何加强服务学习的批判性、反思性，加强服务行为与课程学习之间的连通性，提升学生的获得感与学习效果，是提高服务学习效益的重要内容。社会创新与创业运动为服务学习提供了新机遇，也可为我国高校的转型发展提供借鉴。

---

① "超越盒子的馈赠"（Giving Beyond the Box）的官网：https://www.givingbeyondthebox.com。——译者注

本书的译者倪好博士曾在我指导下完成博士论文《美国高校社会创业教育研究——基于创业教育三分法的视角》，该论文于 2020 年由中国社会科学出版社出版。社会创业教育一直是其研究兴趣所在，他还曾参与大学生创业技能、高校创业教育体系构建、创业教育的组织模式与运行机制创新等多个国家课题研究，在创业教育方面有所积累，这个经历为本书的高质量译介奠定了认识基础。

在当代错综复杂的社会背景下，社会创业成为新时代的重大需求。青年就业问题、教育公平问题、医疗健康问题、社区治理问题、老龄化问题等一系列社会难题迫切需要人们加强研究，并在社会实践中得到有效解决。衷心希望更多的社会创业研究者、实践者应运而生，为人类社会发展带来更多善意的呼声与真理的力量。

徐小洲

浙江传媒学院校长

联合国教科文组织浙江大学创业教育教席主持人

2022 年 9 月

荐序二

我曾多次在学术会议等场合与倪好博士相见、交流，也在我们团队社会创业教材的编写和论文写作中引用或使用他的成果，一直钦佩他在社会创业教育方面的不懈努力和杰出成果。最近，其译著《高等教育中的服务学习与社会创业：关于社会变革的教育学》即将出版，我非常高兴。译者希望我给其大作写序言，按照我的资历，我是不敢的！但是，盛情难却，拜读此译著后，我结合我们团队在社会创业教育方面的探索和观察，写下这份序言，不当之处，敬请海涵。

他山之石，可以攻玉。我的总体感觉是，该译著主要阐述、研究了美国高等教育中的服务学习与社会创业。结合中国国情，我国高等教育中的服务学习与社会创业，也许需要构建兼容并包、融会贯通、各取所长的社会变革教学法。

为应对充满挑战性的社会问题，社会创业者带来了创新的视野、人才和资源。"社会创业不同于其他社会和组织的努力，因为它采用技术和创新，通过创造长期的、自足的商业模式来解决社会问题。从这点来看，社会创业是当今唯一真正'可持续的'人道主义模式"（见该译著正文第12页）。社会企业家精神往往在商学院生根发芽，通常是作为企业家精神的延伸。首批社会创业教育项目是在知名大学建立的，如哥伦比亚大学、乔治城大学、哈佛大学、斯坦福大学、加州大学洛杉矶分校、耶鲁大学等，其课程越来越多地体现出跨学科性。

该译著介绍了美国的服务学习和社会创业存在的诸多共同之处：两个领域都关注社会或公共利益，致力于解决导致社会问题的根源；两者都可以在教育、卫生健康、社区发展、消除贫穷、人道主义救济和其他社会问题空间中开展工作；两者都非常需要同理心和换位思考的能力。两个领域也存在显著的差别：前者聚焦团队和合作，后者聚焦个体主义；前者的话语借鉴非营利部门，后者的话语则来自商业世界。两个领域的其他区别在于：服务学习领域的部分人对以市场为基础的社会问题解决方法持怀疑态度，而社会创业领域则拥抱市场化的解决方案。

我们湖南大学研究团队有将近 20 年的中国高校社会创业教育探索经历和相关观察思考。也许由于国家政治、经济和文化背景的不同，我感觉中国的服务学习与社会创业教育与美国的有差异，也产生了以下感想。

第一，服务学习在中国高校还是一个相当陌生的概念。根据该译著的介绍以及 360 百科词条解释，"服务学习"的有关解释为：学生进行社会服务后，与同伴分享结果和想法，以改善周围的环境，再反思他们的体验。服务学习就是行动中的教育——服务与学习。有别于课外活动形式的义工服务，服务学习与学术课程紧密结合。它将社区服务与学术课程相结合，注重反思和公民责任感。服务学习是一种体验式学习，学生通过参加组织周全的活动来满足社区的需要。它为学生提供关怀他人的机会，将学生的学习扩展到社区。根据服务学习的相关定义，我国高等教育中也有类似的概念和实践，主要存在于涵盖学术课程和社区服务内容的专业，如社会工作专业、志愿服务专业、公益慈善事业管理专业。

第二，我国高校中的社会创业教育与该译著中的社会创业教育也存在区别。译著介绍的美国等西方国家的社会创业教育，带有明显的商业技术特点。牛津大学赛德商学院的斯科尔社会创业中心，是世界上第一个高校社会创业中心。社会企业（social enterprise）一词也用来指代社会创业，通常是更狭隘地指创办支持社会使命的营利性企业。或者说，"非营利组织为支持其公益使命而采取的任何产生利润的商业或策略"。根据阿育王大学（Ashoka U）的研究，大部分社会创业项目归属于商学院（55%）；不过，最近社会创业课程开始慢慢向其他系、所拓展，如公共政策（9%）、社会科学（6%）等。

社会创业教育向人文科学的转变一直很缓慢。社会创业教育一开始建立在研究生层次，现在大多也在本科生层次开展了。社会创业教育追求将学术经验和现实世界应用经验相结合。

中国的第一门高校社会创业课程、第一个高校社会创业研究中心、第一本高校社会创业教材、第一个高校社会创业协会，都起源于湖南大学工商管理学院，中国高校社会创业教育起源与国外的社会创业教育起源类似，即商学起源。

"公益创业"（英文是 social entrepreneurship、social innovation 或 social enterprise），也常被称为"社会创业""公益创业"，或"公益创新""社会企业家精神"等。国内对这个概念的理解基本可以分为三类：一类是国内传统的慈善和公益学界，谈及公益创业，关键词均为"奉献""无私""道德"等，几乎是排斥"商业""营利"的；一类是国内有经济学和商学背景的人士，对其的理解更接近国外狭义的公益创业的界定，即以商业手段解决社会问题的创新活动；另外很特别的一类是公益创业实践者，以实践为导向，不理会这些"虚"的概念界定。比如，被喻为"中国兔王"的旭平兔业集团创始人任旭平，创业 30 年，探索了非营利组织、企业、志愿公益活动以及研究机构等公益创业形式。

根据 2019 年 10 月正式启动的"善识计划"的分析，中国提供社会创业教育的院校比例低于 20%，而且提供此类教育的往往是大学中的公共管理学院、社会学院、马克思学院、人文学院、政法学院等；此外，只要涉及商业手段，社会创业教育就受到一些人本能的反感和排斥。在国内，现在看到的是企业家发声不足，经济管理研究的声音也不够大。

第三，高等教育中的服务学习与社会创业教育需要兼容并包、各取所长。我是从 2004 年开始社会创业的探索和研究的，与同道一起先后创办了基金、社会企业、社会创业研究机构，进行社会创业的教学、研究和实践；2013 年 8 月开始到英国北安普敦大学做社会创业的访学研究；2016 年 1 月到牛津大学赛德商学院学习社会创业。中外社会创业教育领域的学者都很容易从自己的学科领域本位出发，虽然出现了融合交叉的趋势，但还是需要兼容并包、各取所长，需要各美其美，美人之美。

我一如既往地推荐牛津大学赛德商学院对社会创业的定义，因为在该定义下，社会创业的参与主体比较广泛，包括个人、组织（包含企业、政府和非营利组织）和网络生态（其表现形式多样：新产品和新服务、新用途、新标准、新定义和提出新方案）。该定义强调社会创业的效率、效果、更大的责任担当和跨部门合作，摆脱道德绑架和形式主义，重视业务模式和管理的创新，不排斥商业和技术手段。

人民日益增长的美好生活需要和不平衡不充分的发展之间的矛盾是当前我国社会的主要矛盾。人民美好生活的需要日益广泛，不仅对物质、文化生活提出了更高要求，在民主、法治、公平、正义、安全、环境等方面的要求也日益增长。发展不平衡不充分的一些突出问题尚未解决，发展质量和效益还不高，创新能力不够强，实体经济水平有待提高，生态环境保护任重道远。民生领域还有不少短板，城乡区域发展和收入分配差距依然较大，群众在就业、教育、医疗、居住、养老等方面面临不少难题。社会文明水平尚需提高，社会矛盾和问题交织叠加……

大学的首要职责就是人才培养，培养能够引领和改变世界、让人类生活得更美好的人才。对服务学习与社会创业中关于社会变革的教学法的运用要有广度，服务于民生、大众（精神文明、生态文明）；有高度，服务于国家战略（创新驱动、供给侧改革）；有深度，服务于地方经济（乡村振兴、"一带一路"）；有温度，服务于弱势群体（精准扶贫、污染防治）等。大道之行，天下为公。只要能够有效地解决社会问题，有效地创造社会价值，造福人民，不必拘泥于个人、组织（政府部门、私立部门、非营利组织）和生态，不必拘泥于商业还是非商业。

盼望更多有识之士和同道之人，吸收古今中外的人类智慧，抛弃门户之见，兼容并包，融会贯通，各取所长；各美其美，美人之美，美美与共，天下大同；以理性、包容、开放、创新的态度，探索出一条科学有效的、有中国高等教育特色的服务学习、社会创业教育以及社会变革的教学法的运用道路。

汪　忠

湖南大学工商管理学院教授

中国公益创业（社会创业）研究中心执行主任

2022 年 9 月

中文版序言

我们永远无法准确地预测自己在学术研究和社区工作上的努力可能会带来什么影响。作为一名学者，我常常感到疑惑：谁会来阅读我写的书、论文或者其他发表的作品？这些作品凝聚了我和我的团队的大量心血，我们总是希望它们能产生一些影响，比如：某个观点被一位享有盛誉的学者在知名杂志上引用；某个观点被一些社区合作伙伴（如非政府组织）注意到，他们根据你的研究发现制定项目，并和你一起对社会产生积极影响；再或者，你的研究引起了其他研究团队的兴趣，他们与你联系，并愿意与你一起展开研究，从而进一步拓展共同的研究兴趣。当然，最好的结果是，你为自己所在的学科领域做出了显著贡献，你的研究成果引领了其他重要成果。所有的这些好的结果，都会让任何一个学者感到欣慰。

我在 50 岁时才获得社会学博士学位，在那之前，我长期在政府部门、私立高科技机构和非政府组织担任领导职务。在作为一个长聘教授进入大学前，我曾担任校园契约组织（Campus Compact）[①]"服务与学术研究相结合"项目的负责人。校园契约组织是一个非常有名的非营利性

[①]　校园契约组织的官网：https: www.compact.org。——译者注

组织，致力于连接大学生和当地社区，为大学生提供将课堂所学知识应用于解决社区现实问题的机会。目前，已有上千所大学加入了这个组织。该组织旨在培养学生成为"参与、积极和知情"的公民。在美国，我们有各种各样的高等教育机构，比如公立的和私立的、宗教的和非宗教的、大型的和小型的……这些机构有的在招生方面十分挑剔，有的则是免试入学。在任职于校园契约组织期间，我拜访过50多所美国大学，这让我对大学文化如何影响大学课堂和教学内容，以及大学应该如何看待所在社区、对社区所应承担的责任等方面，有了一个广泛的认知。这个经历对我之后的教学工作和学术研究影响深远。

在我早期的学术生涯中，我与布朗大学（一所著名的常春藤盟校）的一位社会学教授合作开设了一门与慈善相关的课程。也正是在这门课程中，我首次接触到了"社会创业"这一概念。我们试着将社会创业作为社会改良的诸多工具之一。当时，社会创业在美国刚刚起步。作为一名教授，随着我的研究的深入以及教学兴趣的日益浓厚，我将服务学习和社会创业的实践作为教学的关键元素。我认为这两个运动（movements）都为学生学习重要学术课程提供了独特的方式。

我急切地寻找同行学者和社区伙伴来建立和发展这些领域，无论在教学、服务还是研究中。在我的学术生涯中，我与专业性组织，如校园契约、阿育王大学[①]和解答型新闻[②]（Solutions Journalism）等一起努力，共同推动社会创业运动。我开始强烈地相信，社会问题是可以被解决的，只要有与之相匹配的工具和战略。建立社会企业并不能解决所有问题，其他方法或许会更加有效。也许，依靠社区成员的慷慨解囊或慈善呼吁可以解决贫困人口食物短缺的问题。在美国，我们经常呼吁公民向食品募捐活动捐款，以帮助那些缺乏食物的人。这些努力是有效的，但

[①] 阿育王大学的官网：https://ashokau.org。——译者注
[②] 解答型新闻的官网：https://www.solutionsjournalism.org/educators。——译者注

也是志愿的、零星的。低收入的饥饿人群无法依靠他人的自愿慷慨，来持续满足其家庭生存的基本需求。这些问题的解决需要其他更加有效且可持续的方案。当我们思考解决方案时，我们需要审视该问题所处的复杂系统（complex systems）。如果问题是复杂的，比如辍学，那么解决方案不仅仅需要考虑学校，也需要纳入家长、地方政府、健康和福利机构、雇佣者及其他角色。如果问题可以被轻松解决掉，那想必早就被解决了。我们必须让学生掌握相关的技能、拥有必要的特质、接受一定的训练，从而让他们以一种更加仔细、更加具有批判性的方式去发现和理解问题的根源，并从多个视角去看待问题。

对我而言，这些是过上有意义的生活的关键，可以提高我们自身的价值，建立一个更强大的社会，让更多人受益。有智者曾言，把问题说清楚，问题就已经解决了一半。社会创业者经常急于寻找解决方案，却没有充分地了解问题。我认为社会创业教育的一个广阔前景是帮助学生成为社区中的好公民和问题解决者，无论他们接受的学术教育或他们选择的职业是什么。他们需要掌握组织设计和管理的"硬技能"，也需要具备沟通、谦逊、同理心、文化敏感性和倾听等所谓的"软技能"。

几十年来，阿育王（Ashoka）、绿色回声（Echoing Green）、斯科尔基金会（Skoll Foundation）及其他组织在全球范围内寻找社会创业者并给予支持。这些人为他们的社区做出了非凡的贡献：他们不仅努力帮助所在社区获得洁净的水、更好的医疗服务、体面且负担得起的住房，还为一些棘手的社会问题提供了新的解决思路。我们如何以最好的方式将这些和其他经验融入高等教育？我们如何以最好的方式为"现实世界中可行的方法"和"我们希望教给学生的知识"之间搭建桥梁？

在美国和欧洲，商学院在为本科生和研究生提供社会创业教育方面表现出极大兴趣。认证机构[①]（accreditation bodies）呼吁商学院开展更多超越传统"利润最大化"和"股东价值取向"的教育。在美国的大学中，不仅是商学院提供社会创业课程和专业方向（concentrations）。布莱恩特大学是一所在金融、会计和国际商务方面有着良好声誉的大学，也是我从教的地方。我们在这所大学的文理学院开设了社会创业专业方向，提供社会科学、传播学和商学方面的课程。我们做这些，是基于这一理念——社会创业要求创业者在传统商业教育之外有扎实的其他学科基础。该专业项目包括课堂教学、体验和应用学习，授课老师既有大学老师，也有来自实践领域的指导老师。

社会变革是如此复杂，在一个环境中可能起作用的方法，在另一个环境中却可能惨败。大量的研究发现，一些具有很大潜力的创新在实践中却失败了。究其原因，这往往是因为社会创业者对发生变革所需之要素没有进行充分考虑。社会创业者被告诫：不要认为困扰了社区几十年甚至几百年的社会问题是能够轻易解决的。"达克效应"（指能力不足的人因缺乏自知之明而自我膨胀）启发我们，问题看起来越是容易解决，说明你离问题的核心越远。人们往往对自己解决别人问题的能力过于自信，尤其是初学者或者某一领域的新手（Dunning, 2011）。另外，社会创业者和资助他们的组织还有一个倾向：过于关注变革所带来的新鲜夺目的事物，而忽视要维持这种改变所需要的周密规划。举个例子：如果一个贫困的省份缺少对水井进行维护和维修的计划，那么当它们运行几个月后突然发生故障时，为第100口井剪彩的欢乐气氛也就很快被破坏了。我们在教学生融资、会计、商业计划和运营、市场营销等内容时，也需要教给学生这些教训。对于社会创业行为可能带来的意料之外的结果，我们需要像制订商业计划预测未来风险和挑战时那样考虑周全。

---

① 国际上有一些著名的商学院认证机构，如国际商学院联合会（AACSB）、欧洲质量发展认证体系（EQUIS）、工商管理硕士协会（AMBA）等。——译者注

作为一名社会学家，我非常有兴趣深入了解在哪种文化中，社会变革可能得以发生。我们需要尊重并理解它们。在发达经济体中行得通的方法，在较贫穷的社区可能惨遭失败。因为人们可获得的资源、社会规范、互惠和相互义务的观念可能存在巨大差异。另外，一些解决方案可能不适用于资源匮乏的国家，但到了较为富裕的地方，却成了低成本、可持续的好方案。这些都是开展社会创业工作的重要注意事项，在我看来，这些也都必须纳入社会创业教育。

2016 年，我出版了这本书，书的内容主要关于美国的 10 所大学是如何教授服务学习和社会创业的。对我来说，去了解这种类型的教育在大学教育中的现状至关重要。许多大学相信，社会创业将是重要的，这不仅仅是对商学院的学生或是已崭露头角的企业家而言的，对正在学习政治学、生物学、传播学、社会学及其他很多学科的学生而言，同样如此。过去几年的时间见证了社会创业运动的成长、扩大和深化发展。

正如上文所述，一个人永远不知道他的工作将会在何处产生何种影响。我也从未想到我的著作有一天会被翻译成中文。以下是我在社会创业教育领域观察到的一些趋势，希望会对该领域今后的工作有所裨益。

培养学生的需求和兴趣。在美国，我们看到刚进入大学的年轻人对社会创业抱有浓厚的兴趣。其中一些是被年轻的创业者所感染，并对重要问题有着新的见解。我们期望年轻人将他们的青年理想主义带给世界和他们自己的事业。我相信，越早让年轻人参与解决与他们有关的问题，社会就会越好。我们希望年轻人感到他们的未来与他们自身是息息相关的。我们还看到，不管是处于职业生涯早期还是中期的专业人士，他们都对社会创业产生了极大的兴趣。在 2020 年，联合国发布了题为《建设促进青年参与社会创业的支持体系之价值》的重要报告，呼吁开展体验式教育，并建立让青年（特别是针对那些可能无法接受传统大学教育的青年）参与决策和政策制定的制度。

越来越多的人意识到社会创业的社会背景和关系的重要性。在社会创业发展历史的早期，人们的关注点聚焦在稀少的、自力更生的"天才"创业者身上，这样的领导者被描述为具有突破性的洞察力、雄心壮志和成功的动力。《应对"英雄企业家崇拜"现象》（"Tackling Heropreneurship"）（Papi-Thornton，2016）一文提到，这种社会创业的模式忽视了许多其他人在创造变革中的作用，最小化了关系的价值，低估了谦逊的必要性，没有认识到在经济、政治和社会背景下理解社会问题是困难但必要的工作。

"社会创业"的定义具有不稳定性。 在欧洲，社会创业的起源和类型是多元的。在历史上，欧洲对社会创业的看法一直比美国更为宽泛。许多年来，美国对社会创业的看法受到限制，好像它只适用于以市场为基础的解决方案。这种情况已经发生了很大的变化，但推动社会企业家进行宽泛的思考、将社会创业概念化仍然是一个挑战。不要仅仅聚焦于商业，也要研究社区组织、慈善事业和其他事情。我曾经开发了"社区参与工具箱"，以进一步发展这些想法。本书的最后一章也提到了该内容。

社会创业与其他概念和倡议具有联系。 社会创业领域是动态的、一直变化的，在实践和教学中都受到其他领域的重要影响，比如来自设计领域的影响。我们看到了由 IDEO 公司所引领的设计思维的适用性（Kelley and Kelley，2013）。虽然设计思维并不适用于所有的情境，但它专注于以人为本的设计，即与提出创新的潜在用户一起创造并测试他们的想法。设计思维不是在孤立的环境中形成想法，而是提出了一个更专注于社区的创新和实施过程。

集体影响的实践将行动者、组织和其他实体聚集在一个结构化的过程中，从而解决特定的问题（Kania and Kramer，2011）。这些参与者一起工作，确定他们想要解决的问题，然后一起计划采取具体、可操作、负责任的步骤来解决问题。这种方法将多个利益相关方聚集在一起来解决问题，而不是让许多参与者以分离的、不协调的方式各自处理问题。保持开放的沟通渠道对集体影响至关重要。

政府不能包揽一切，但他们是为社会创业者提供支持的中坚力量。社会创业者并非生存于真空之中。和其他创业者一样，在社会创业者的想法经测试达到预期后，他们还需要得到融资、有利的政府监管，以及在市场营销、税收政策、扩大规模等方面的支持。由于社会创业在很多地方都还是前沿理念，这些创新者可能很难站稳脚跟，其建立的既不是以利润为中心的企业，也不是慈善机构。消费者、公共事业单位和其他商业力量或许并不知道如何最好地支持这些创新路径。随着消费者对不损害环境、拥护积极的社会价值观的产品的兴趣日益增长，社会企业拥有巨大的前景和潜力，但它们确实需要支持。

实践制度化。对于机构、实践领域中的社会创业及社会创业教育而言，一个衡量实践的影响的指标是它们在多大程度上是制度化的。要使一项实践不仅仅是代表少数教师的一时兴趣，或者只是在少数课程中得到强调，就需要有项目来支持学生，在专业、辅修和专业方向中嵌入强大而严谨的课程。当美国商业教育认证委员会（American Accreditation Council of Business Education）和大学商学院促进协会（Association to Advance College Schools of Business）这样的认证机构认可社会创业教育时，这意味着这些有声望的组织认识到这种教育的重要性。而且，大学商学院促进协会还给大学里通过认证的项目一个特殊称号。全世界不到5%的商学项目获此殊荣。这说明高等教育的主要领导者越来越重视和认可这种做法。

另一个衡量制度化的指标是主要资助和慈善组织对支持社会创业和社会创业者发展的兴趣有多大。这包括阿育王、绿色回声、斯科尔基金会、聪明人基金会（Acumen Fund）、格莱珉基金会（Grameen Foundation）等组织。这些组织和许多其他组织的项目证明了这一领域的发展力量。

终于，在2022年的达沃斯世界经济论坛上，社会企业和社会创业者首次被赋予重要角色（Horoszowski, 2022）。超过100家社会企业参加了这个全球盛事，来自世界各地的领导人认识到这些社会企业者对他们所在的社区和其他地方做出的重要贡献。论坛呼吁企业领导人和公共部门帮助建立实现这些企业社会使命所需的基本联系。他们还指出："我们认为，有三个趋势需要发展，以实现一个更受支持的社会企业生态系统：一是加强企业参与，二是建立集体行动网络，三是制定更强有力的社会政策。"（Horoszowski，2022）正如前文所述，如果要发挥社会创业的潜力，政府、教育者、企业部门、非政府组织都需要扮演一定角色。

大学必须发挥自己的作用。大学要为在现实世界中面临挑战的公民和毕业生提供支持。这些毕业生在大学里可能被作为工程师、医生培养，他们希望毕业后能够提升当地的住房条件或提高偏远村庄疫苗接种的规范性，但将这些想法付诸实践需要得到一定的支持。他们也是拥有创新想法的年轻人，能够使用一套更正式的方案将这些想法转化为实践。我认为，我们确实应该为他们提供终身教育和支持，并帮助他们发挥才能、优势，建立关系网络，这样他们才能更好地为社区解决问题。按照这些原则，年轻人、中年人和老年人——所有人都有能力通过共同努力解决所在社区的关键问题。

供应链管理帮助企业完成复杂的工作，确保材料和人力，使产品进入市场。我们可以从社会创业者的角度来创建一个我称之为"解决方案变革管理"的模型。我们如何与其他人一起开发一个好的想法，从而产生一个更好的想法，以服务于所有人，特别是那些最需要的人？我们如何才能最好地理解与这一社会挑战有关的所有利益攸关方的利益？

在大学中纳入和增加社会创业和社会创业教育，并将其推广到整个社区，有许多方法可以考虑。社会创业相关教育和活动，能否在高等教育机构中得到最佳的发展，往往取决于组织使命、领导决策和资源投入上的支持程度。

改变标准的商业模式。我一直认为，社会创业教育既应该教会学生如何建立企业，也应该教会学生如何建立非营利组织，两者都通过获取收入为完成其使命提供资金支持，并以多种方式造福社会。或许，与竞争对手不同，社会企业使用较少的资源来创造价值，或者雇用技能较低的人，并培训他们从事需要更高技能的工作。想象一下，如果相当一部分的本科生（和教师）必须挑战创建企业和组织的任务，使社区及其成员的价值最大化，这该多好！在西方经济学中，"外部性"（externalities）这个术语指的是企业不支付的经营成本。如果一家公司生产的产品污染了河流，河流对当地捕鱼、划船和供水的价值就会降低，这对当地社区就意味着损失。然而，该公司通常不为这种外部性支付任何成本。有了社会创业教育，我们会考虑我们的工作对其他人口、环境和社会系统产生的影响。我相信，长期来看，这种思维能够带来重要的社会、经济和健康效益，这不仅仅是对社区而言，对商业企业也是如此。我也相信，越来越多的客户和开明的商业领袖看到了这些方法的价值。

我看到了社会创业的光明未来。随着社会创业实践及其潜力的增加，我希望我们为学生提供的教育能够帮助其做好准备，迎接这些令人激动的机遇和挑战。

从大学退休后，我创建了一个小型的社会企业——"超越盒子的馈赠"公司。公司主要是为消费者提供源自企业和非营利组织的、支持重要社会事业的产品，包括来自当地艺术家和农民的产品、来自女性和少数民族的企业的产品，以及传统社会企业的产品。我提到的这些机构，他们的产品要么是由就业困难的人生产的，要么其利润用于支持社会公益事业，如帮助饥饿的人或资源匮乏的地区。我们推广的后一类机构的产品包括由贫困社区儿童制作的艺术品、难民在就业培训项目中制作的食物、所得利润会用来资助医疗研究的零食，等等。尽管我过去长时间在政府部门、私立部门和非政府组织工作，但我从来没有自己独立创办过企业。我加入了本地的一个商业孵化课程，从而可以获得新的技能（尽管是在 70 岁的高龄）！这是一段美妙的经历，因为我为我的社区增加了价值，也支持了小型企业和社会企业。消费者购买我们的盒子作为礼物送给支持这些事业的朋友和家人。我特意将这个业务控制在一定规模，这样我才能够在其运营的每个环节都亲力亲为。我们还与企业合作，为他们的商业客户制作礼物。所有这些项目都支持本地的事业。我坚信，我的事业可以为其他想要连接有兴趣支持这些公益事业的消费者的企业提供一个榜样。我也坚信，人们很有可能在需要购买礼物时接受这类产品。

最后，我强烈地相信，社会创业具有巨大潜力。该领域需要制定实践标准，以便所有从业者理解和尊重他们正在以影响其社区的生活、健康和福祉的方式开展工作。我们需要对彼此负责，对每个社区定义的原则负责。

几位同事对这份前言的写作亦有所贡献，我想要向他们表示感谢。感谢凯利·拉米雷斯（Kelly Ramirez），社会企业温室（Social Enterprise Greenhouse）① 的开创性领导者，也是社会创业教育中的突破性创新者。凯利在观察社会创业趋势方面的优势无可匹敌。她为广大社区的居民——年轻人、职业中期人士和老年人、男性和女性、富人、中产阶级和工人阶级、受过良好教育的和受教育程度较低的人——创造了无数的机会，使他们从社区丰富的教育经验中受益。她清楚地认识到，大学的教学内容与当地社区应对挑战的活力之间具有重要联系。通过可负担的

---

① 社会企业温室的官网：https://segreenhouse.org。——译者注

课程和广泛的指导和教练支持，社会企业温室在食品、健康、医药、社区发展等领域帮助成立了数百家企业。最近，她被聘为普维敦斯学院瑞安创业孵化器（Ryan Incubator for Entrepreneurship）的首任主任，在那里她将开发社会创业教育的创新项目。

黛比·布洛克（Debbi Brock）博士是我多年的好友，她在为社会创业成为一个研究领域方面做了模范工作，已经致力于这个领域几十年了。她领导了社会创业的校园项目的发展，也积极地在这个领域进行学术出版，为社会创业教育和实践的学科化做出了重大贡献。她还在社会变革创新者官网[①]上为全球的教育者整理了有关材料。在学术专业人士和学者如何与社会企业家进行最佳合作，从而改进实践和开展示范研究方面，她也是一个很好的典范。她最近与"催化2030"[②]的合作，汇集了致力于到2030年实现联合国颁布的可持续发展目标（SDGs）的主要社会企业者。

我在"解答型新闻"的同事，凯瑟琳·诺布尔·古德曼（Katherine Noble Goodman），曾帮助讲师们开设课程，向学生展示普通公民和公务员如何为社区面临的问题创造解决方案。"解答型新闻"通过收集和索引全球的社区成果来策划解决方案，而非聚焦在社区的问题维度。"解答型新闻"由蒂娜·罗森博格（Tina Rosenberg）和大卫·伯恩斯坦（David Bornstein）共同创办，后者就是《如何改变世界：社会创业者和新思想的力量》（2007）的作者。"解答型新闻"为学生和公民提供创造性的解决方案，以解决我们所有社区面临的主要问题——缺乏医疗保健资源、犯罪、心理健康问题、经济发展等。我曾在我所讲授的所有课程中都纳入了"解答型新闻"的材料，因为该领域与教育社会创业者之间的联系是如此引人注目。凯瑟琳在该机构工作期间，主要负责开发和组织教学

---

① 社会变革创新者的官网：https://www.socialchangeinnovators.com/。——译者注
② "催化2030"的官网：https://catalyst2030.net。——译者注

材料、资源和课程指南，这些对教育者来说是无价的。

　　本书的翻译和出版离不开倪好博士的努力。他所在的单位，浙江大学区域协调发展研究中心和中国西部发展研究院，是目前中国知名的大学智库之一。他同时也担任斯普林格英文刊物《创业教育》的执行副主编。这本书英文版刚出版不久，我就收到当时还是博士研究生的倪好的来信，想约我进行一次访谈，访谈内容与其博士学位论文相关。我乐意为之，也想通过倪好了解更多在中国发生的事情。后来，他询问我是否可以将该书翻译为中文并在中国出版。能在中国出版我的书，我感到非常荣幸。我非常欣赏他在学术研究方面已有其他很多工作的情况下，仍然承担这个项目的远见和勤奋。我期待着中美两国学者参与其他项目的可能性。我很感谢，浙江大学出版社的工作人员能够帮助我把这本书带到中国读者面前。

桑德拉·L. 伊诺斯（Sandra L. Enos）

博士、退休教授

"超越盒子的馈赠"公司首席执行官和创始人

参考文献

Bornstein, David. *How to Change the World: Social Entrepreneurs and the Power of New Ideas.* New York: Oxford University Press, 2007.

Dunning, David. "The Dunning–Kruger Effect: On Being Ignorant of One's Own Ignorance." In *Advances in Experimental Social Psychology,* by James M. Olson and Mark P. Zanna, 247-296. New York: Academic Press, 2011.

Horoszowski, Mark. "Social Enterprises Are Officially Part of the World Economic Forum's Agenda." Moving Worlds. 2022. https://blog.movingworlds.org/social-enterprises-are-officially-part-of-the-worldeconomic-forums-agenda (accessed September 24, 2022).

Kania, John and Mark Kramer. "Collective Impact." *Stanford Social Innovation Review.* Winter, 2011. https://doi.org/10.48558/5900-KN19 (accessed August 28, 2022).

Kelley, Tom and David Kelley. *Creative Confidence: Unleashing the Creative Potential Within Us All.* New York: Crown Publishing, 2013.

Papi-Thornton, Daniela. "Tackling Heropreneurship." *Stanford Social Innovation Review.* February 23, 2016. https://doi.org/10.48558/997W-YB97 (accessed September 1, 2022).

Rayner, Cynthia and François Bonnici. *The Systems Work of Social Change: How to Harness Connection, Context, and Power to Cultivate Deep and Enduring Change.* Oxford: Oxford University Press, 2021.

United Nations. "World Youth Report. Youth Social Entrepreneurship and the 2030 Agenda." https://www.un.org/development/desa/youth/world-youth-report/wyr2020.html (accessed August 29, 2022).

前言和致谢（英文版）

　　2015年春天，在我写这本书的时候，几件大事占据了高等教育新闻的主要版面，尤其是我这项研究所重点关注的几个州。亚利桑那州、威斯康星州、北卡罗来纳州和路易斯安那州提出削减的高等教育经费额度相当之大，足以让大学的领导们去考虑大幅削减项目（programs）。职业导向型训练的呼声越来越高涨，进一步削弱了州特许状（State Charter）所赋予的大学的公共目的性，新闻中也如此报道。阅读这些新闻报道的同时，我也采访了校园里的一些学者，他们或支持这类想法，或认同将高等教育作为学生发展公民性格和公共目的的地方。两种观点意味着两种不同的高等教育模式及其在社区和经济中的位置。本书中的讨论正是在这些关于高等教育的公共、公民和社区目的的重要辩论的背景下展开的。在致力于将学生、教师、员工和大学使命与资源融入社区参与的工作中，服务学习和社会创业是其中的两种类型。尽管也有其他许多种类的"基于社区、完成于校园内的工作"，但我选择把重点放在两类运动（服务学习和社会创业）上，因为它们在创建一个参与型、活跃型、问题解决型社会方面表现出了很大的希望。

　　我先讲一个小故事。作为布莱恩特大学的社会学教授和社会创业项目协调人，我参加了阿育王大学2013年年会。社会创业者、学界成员一起在会上讨论如何最佳地教育学生成为有创造力的问题解决者。阿育王是一个具有 35 年历史的组织，是社会创业运动的奠基者和领导者之一。阿育王所推崇的解决社会问题的方式是创业与创新。2013 年，其在圣地亚哥举办的年会吸引了来自 40 多个国家的 600 多位参会者。在与满怀激情的年轻人和社会创业者讨论、聆听 TED 演讲中度过了那几天后，我将笔记进行了汇总梳理，发现几乎每个参会者要么已经创办了非营利组织，要么正在计划在不久的将来创办。年轻的与会者尤其如此。相似地，几乎所有人都已有一个商业计划，或是已经采用了社会创业运动的话语：使命关键型企业（mission critical enterprises），影响力的评估、监测与评价，跟踪仪表盘（tracking dashboards），扩展业务（scaling up），双重—三重底线，投资回报，等等。我深深地被这些社会和公民问题的商业模型所触动。在回罗德岛的航班上，我有了写一篇文章的想法，并将题目定为：为什么马丁·路德·金从来不发表"我有一个商业计划"的演讲。我想通过这篇文章来探讨这样一个观点：商业手段可以最好地解决那些其他办法没能解决的、令人烦忧的问题，也就是该领域所称的"邪恶的社会问题"（Rittel and Webber, 1973）。

没过几个月，作为布莱恩特大学社会学系服务学习项目协调人，我参加了另一个会议。这个会议规模小很多，主要是学者参加，也有少部分社区成员。会议主题是社区参与的未来，由梅里马克学院的教育与社会政策学院承办。会议主要关注教学法、大学在社区中的角色，以及如何改变高等教育的制度政策和实践以支持服务学习和公民参与。会议内容具有挑战性和启发性，讨论了如何加强校园中的市民和社区参与。大部分参会者都已在该领域耕耘了几十年，致力于服务学习的实践的制度化，从而不让它被推向大学的边缘，而是使它成为大学使命和项目的核心特色。

回顾每个会议，我发现它们对我的教学和学术研究都有着相似的吸引力和帮助，我也注意到在不同话语体系下，社会变革的会议很少谈社区参与工作，社区参与工作的会议也很少谈到社会变革。在阿育王大学的会议上，几乎没有提到服务学习和公民参与。类似地，在"社区参与的未来"会议上，也几乎没人提及社会创业。这些领域，表面上看是拥有许多共通之处的——参与式学习实践，聚焦社区工作，呼吁教育的更大目的——但又似乎对对方没有什么关注或兴趣。这本书就探讨了这些校园内"社会变革空间"中相似的领域。这些运动是如何在校园中获得一席之地的？他们又是如何争取和建构它们的制度化策略（strategies for institutionalization）的？社会创业如何"适应"已有的致力于联结校园和社区的项目？在声誉不错的服务学习和社区参与项目中，他们将那些教授和促进社会创业的项目视为何物？社会创业教学中的那些引领者，将服务学习和公民参与视作社会变革教育中的合作方，还是另外的角色？除了这些具体实践外，我们为学生提供了有价值的、可行的、多样的参与社区的方法与工具了吗？

我把这本书当作开场白，希望它能够促进 21 世纪关于教学、关于社会变革和社区参与的富有成效的对话。我参与了一些座谈，担任了若干专家委员会的成员，参加了多个研讨会，与有才华、有思想的同事一起探讨服务学习和社会创业教育如何在高等教育中发展。本书旨在将这些对话进一步深化。

有一句广为引用的非洲谚语说得非常对，"养育一个孩子需要整个村庄"。本书就是考察大学是如何创造这些"村庄"的。为全体人类构建更好的社区，需要很多很多的"村庄"来创造机会。高等教育在其中扮演着特殊角色。

写作这样一本书，需要一个特殊的共同体。与不同学校的同事探讨如何组织大学参与社区工作的讨论，是一种非常令人满足的和充满激励的经历，给我带来许多快乐。我要向许多团体和个人表示感谢。我要感谢校园契约全国办公室的执行主任安德鲁·赛立松（Andrew Seligsohn）和运营总监麦吉·格鲁弗（Maggie Grove）对我作为驻校学者（Scholar-in-Residence）的研究的支持。我同样要感谢布莱恩特大学批准我2015年春季学术休假，以完成这项研究。感谢罗德岛校园契约项目执行主任卡利·赫茨伯格（Carie Hertzberg），她通过联合会议报告、奖教金等形式来支持这个话题的早期调研工作。

在研究校园参与的过程中，我访谈了芭芭拉·霍兰德（Barbara Holland）、芭芭拉·雅克比（Barbara Jacoby）、玛丽·罗斯（Mary Rouse）、汤姆·施诺贝尔特（Tom Schnaubelt）、玛丽娜·金（Marina Kim）、黛比·布洛克（Debbi Brock）和柯蒂斯·德伯格（Curtis Deberg），他们无一例外都是服务学习或社会创业领域的佼佼者。为了研究州层面如何组织、促进参与社区工作，我访谈了多个州的校园契约项目负责人，如北卡罗来纳州的莱斯利·加文（Leslie Garvin）、明尼苏达州的朱莉·普劳特（Julie Plaut）、佛蒙特州的凯莉·威廉姆斯·豪（Carrie Williams Howe）、华盛顿州的詹妮弗·海因（Jennifer Hine），和加利福尼亚州的伊莲·池田（Elaine Ikeda）。为了解在社区参与和社会创业方面获得卓越认可的学校，我访谈了亚利桑那州立大学、康奈尔大学、罗林斯学院、明德学院、杜克大学、西华盛顿大学、波特兰州立大学、马凯特大学、圣地亚哥大学和杜兰大学的校园代表。他们每一个人在谈论到大学的公共使命时都侃侃而谈，十分具有说服力，也都十分支持他们所做的社区工作的独特性。附录部分详细列举了接受了访谈的校园代表。

我要深切地感谢曾担任新闻学教授的芭芭拉·吕布克（Barbara Luebke），感谢其在书稿组织方面提供的一流的协助。我也要感谢帕尔格雷夫·麦克米伦出版社的莎拉·内森（Sarah Nathan）编辑，自2012年我有意出版此书起她就给予了我很多支持，以及出版社员工玛拉·贝尔科夫（Mara Berkoff）在本书许多细节上的处理，才使本书能够最终面世。

最后，我要向我的偶像们致敬，他们来之不易的智慧、不屈不挠的乐观精神和鼓舞点亮了我的书，他们是每一个奋斗在服务学习和社会创业一线的人，不胜枚举。但凡在服务学习和社会创业领域工作了几年以上的人都知道，这些社区是多么富有才华和创造力。和他们一起工作和学习是一件幸事。

参考文献

Rittel, Horst & Melvin Webber. "Dilemmas in a General Theory of Planning." *Policy Sciences*, no. 4 (1973) : 155-169.

目　录

CHAPTER 1

第一章

社会变革教育概况

☑ **摘 要:** 高等教育为公共目的和社会服务是美国大学的一个重要特征。在过去三十年里，社区参与（community engagement）在校园里逐渐发展，其相关研究在学术领域中也不断丰富。将积极学习与社区目标联系在一起的社会创业（social entrepreneurship），也参与到了活跃的服务学习（service-learning）运动中来。尽管这两个领域有着共通性，但它们之间的互动却很少。这些教育创新要在学术界获得一席之地，可以通过制定制度化战略、创办期刊、制定研究议程等方式，并声明新的创新比现有的要好。尽管社会创业与服务学习之间存在着差异，但如若能在一个衔接得更好的教育和社区议程之下携手共进，则非常有利于推动社区参与变得更加深刻、更加包容，并注重对师生、大学和社区的影响。

☑ **关键词:** 阿育王大学；校园契约组织；社区参与；服务学习；社会变革教学法；社会创业

美国的高等教育机构有着多元利益主体和不同的利益追求、松散耦合的组织结构和对改革创新的不断呼吁。创新和改革运动致力于为大学的边缘性事务赢得尊重、推动制度化建设、参与课程工作、界定学术领域、建立游说团体、组织会议、创办期刊、呼吁更新或重铸大学使命，并推动对主流的批判——所有这些都是为了在谈判桌上获得一席之地（Clark, 1968）。近几十年来，我们看到一些创新和改革的主题重新登场，这些主题寻求的是学生、教职工以及或许同样重要的是——整个大学——更深刻地参与到社区中来。参与（engagement）可以跨越多种实践、多个利益相关者和社区，并且可以作为校园使命的组织原则，这一假设已成为高等教育的一个动人的号角（Beere, Votruba and Wells, 2011）。我们看到，高等教育领域中占主导地位的专业性协会，如卡内基教学促进基金会（Colby et al., 2007）和美国大学与学院联合会（Association of American Colleges & Universities, AAC&U），在其议程中呼吁将自身的资源与社区需求相结合，从而更大程度地参与社区发展，无论是谁或者是如何定义这些社区需求的（Fitzgerald et al., 2012）。一些报告呼吁学生发展强大、有效的公民技能。《关键时刻：大学学习与民主的未来》（"The Crucible Moment: College Learning and Democracy's Future"）（AAC&U, 2012）是其中最重要的报告之一。在这份经过深思熟虑后完成的报告中，高等教育被要求成为：

一个培养民主声音、思想和行动的重要孵化器……包括有效的倾听和口语沟通能力、创造性/批判性思考和问题解决能力、在多元群体中有效工作的能力、代理和协作决策的能力、解决复杂问题的伦理分析能力、跨文化理解和换位思考的能力，这些能力是参与型民主社会的基石。（AAC&U, 2012: 10）

全国性和地方性主要机构的联盟、网络已经同与公民学习和民主参与相关的大学、学者和实践者结成伙伴关系（AAC&U, n.d.）。其中一个重要的发展节点是"全国公民学习和民主参与网络"（National Civic Learning and Democratic Engagement Network）的成立，该网络将邦纳基金会（the Bonner Foundation）、美国民主计划（American Democracy Project）、民主承诺（the Democratic Commitment）、畅想美国（Imagining America）、校园契约组织、阿育王大学、公民学习和参与信息与研究中心（the Center for Information and Research on Civic Learning and Engagement）、凯特灵基金会（the Kettering Foundation）、新英格兰高等教育资源中心（the New England Resource Center for Higher Education）、国家和社区服务公司（the Corporation for National and Community Service）、美国国家人文基金会（the National Endowment for the Humanities）和其他团体联合了起来。该网络要求其成员团体"推动公民学习和民主参与成为每一个学生至关重要的基石……制定一项国家议程，将公民学习从学生学习的边缘推向中心"（AAC&U, n.d.）。

当然，也出现了一些对校园参与运动的批评，如Fish（2008）指出，教师应该利用"自己的时间"[1] 来参与社区活动，大学的角色是孤立的学者群体，倡导的是推动学术研究，而非政治和社会议题，其存在自然不是为了解决社会正义和不平等方面的问题。然而，这次改革的两股浪潮

---

[1] 指工作之外的时间。——译者注

（服务学习和社会创业）特别重要和有趣。因为从表面上看，它们有着广泛的共同目的，如组织大学资源，教导学生如何以学生、社区成员和公民的身份去更好地参与社区工作。尽管如此，服务学习与社会创业仍有着显著的差异，它们前进的脚步不会通向共同的发展道路，我认为这对学生、教师和社区都有很大的伤害。此外，虽然它们有共同的地方，但令人惊讶的是，对于另一方的工作，它们之间很少有对话，也很少注意或思考对方的做法。换句话说，在有关社会创业的文献和会议中，除了个别例外，几乎没有提到服务学习和公民参与的，反之亦然。在本章中，我将考察服务学习、公民参与、基于社区的学习和相近的实践与社会创业和社会创新之间的共性和差异。为方便起见，我将使用"服务学习"这一术语来指代服务学习、公民参与、基于社区的学习等实践，用"社会创业"来指代社会创业和社会创新。我认为这两个领域的任何一方都应该更加关注另一方。同样地，我也会考察社会创业和服务学习领域表现出的共同点和不同点。我的观点是，这两个领域之间可以为彼此提供很多启发，下一代社区参与的特征应该是拓展自身的定义并考虑拓展定义的方式。

在 2013 年的时候，学术期刊数据库（Academic Search Premier）中包含"社会创业"和"服务学习"这两个关键词的文献只有 7 篇，其中有 2 篇文章对这两个领域的共同点和兴趣进行了探索。相似地，服务学习领域的一份主要期刊《密歇根社区服务学习杂志》（*Michigan Journal of Community Service Learning*）中包含这两个关键词的文献有 2 篇，其中只有 1 篇是相关的。对商业资源数据库（Business Source Complete）进行数据搜索，结果同样令人失望，包含"社会创业"和"服务学习"这两个关键词的文献只有 6 篇，且几乎没有与这两个关键词密切相关的。

也有一些例外。Colledge（2012）编撰的一册书中收录了若干篇原载于《国际工程服务学习期刊：人道主义工程与社会企业家精神》

（*International Journal for Service Learning in Engineering: Humanitarian Engineering and Social Entrepreneurship*）的富有深度的文章。在前言中，科莱奇（Colledge）概述了他对在大学内建设一个参与性学科（engaged discipline）的愿景，该学科欢迎来自其他学科视角的观点，将学生与社区实际工作联系起来，考虑文化差异，乐意接受能更好为底层民众服务的商业模式，并且充分重视对公民技能和参与的需求。换句话说，科莱奇认为，如果不尊重关键原则，工程师教育就达不到要求；服务学习和社会创业都应该在工程师教育中占有一席之地（Colledge, 2012）。

在本章中，我将简要回顾美国高校中服务学习和社会创业项目的历史和现状，分别总结一份现状报告，从而展现社会变革教育及其制度化的整体图景。然后，我将提炼出这些项目的一些共同特征。

一、服务学习的简要历史

好几次校园社区参与（campus-community engagement）运动都可以追溯到与赠地学院运动以及呼吁受教育者为其所在社区服务相关的历史（Hutchinson, 2001）。最近一次关于让受教育者服务所在社区的呼吁发生在 20 世纪 80 年代中期，这次呼吁源自一种深切的担忧，即大学生过于专注于自己的事业，越来越远离公民参与。近年来，该运动促成了几个关键组织的形成，包括校园契约（Campus Compact）、校园外拓展机会联盟（Campus Outreach Opportunity League）和国家青年领导力委员会（National Youth Leadership Council）。为了号召青年参与服务，上述组织与其他组织共同发起了一场对高等教育产生重大影响的运动。

有别于可能不在课程范围之内的社区服务，服务学习与学术课程紧密相连，旨在将学生的社区服务与学术实践联系起来。因此，如果教师发现他们的教学目标与社区服务经验可教授给学生的内容之间有清晰的教学联系，那么服务学习就可以整合到这类课程中去。尽管学界对服务学习的概念界定莫衷一是，在本书中它被定义为"一种课程或者基于能力的、有学分的教育经历，让学生（1）参与到互相认同、对社会有益的服务活动中；（2）反思服务活动，从而加深对课程内容的理解，并对学科有广泛的认同；（3）提升个人价值观和公民责任感"（IUPUI Center for Service Learning, n.d.）。服务学习的学习目标包含了社区参与和公民责任感，学生有机会以一种结构化的方式反思自己的经历。服务学习旨在促进学生的学业学习，如果设计和实施得当，还能促进大学与社区合作伙伴建立互惠关系。

基金会和政府支持的组织（如校园契约组织）对服务学习领域的发展起到了提升作用。对校园契约组织而言，它专注于培养高等教育阶段的学生，希望社区服务经历有助于本科生养成终身公民参与和行动主义的习惯。始于大学阶段的服务实践会对学生和社区有长期影响。校园契约组织于1986年建立，将在2016年迎来30周年纪念[1]。正如"关于高等教育的公民责任的校长联合声明"（"Presidents' Declaration on the Civic Responsibility of Higher Education"[2]）中所述，大学的核心目标之一是"教授民主技能和价值观，为学生创造无数的实践机会，并收获公民真实和辛勤工作所带来的成果"（Campus Compact, 1999）。

校园契约组织是一个会员制组织，管理着34个州和地区的分支机构，影响着来自1100个会员校区的600万名学生。自校园契约组织的"服务与学术研究相结合"项目启动，将服务学习扩展至校园内所有学科的努力就没有停止过。因此，服务学习并没有学科归属，也没有成为一门学科须具备的核心读物或概念体系。服务学习通常涉及基于社区的项目，需要规划和行政上的支持，如来自社区服务中心或服务学习办公

---

[1]　本文首次出版于2015年。——译者注
[2]　本文链接为 http://digitalcommons.unomaha.edu/slcehighered/14。——译者注

室的支持：社区服务中心或服务学习办公室对教职工进行培训、作为社区合作伙伴的中心联络点、协调任务，并在校内对服务学习工作进行评估。服务学习方面的课程可能遍布全校，但这并不能反映出深度校园参与。最近，Butin 和 Seider（2012）注意到了与服务学习、公共服务和公民参与相关的主修专业、辅修专业和专业方向（concentrations）的发展。这两位学者认为，学习项目以连贯、有组织的方式将班级聚集在一起，是校园服务学习运动制度化的一个重要标志。

然而，服务学习需要做什么、旨在实现什么、是具有多少变革意义的实践、实现社会正义是否应该成为其目标——所有这些问题仍然阻挠着服务学习核心教材和讲义的开发。一些批评者，如 Butin（2006）质疑这个领域究竟是什么。服务学习应该存在于哪里？是不是因为服务学习存在于学校各处，所以它就没有学科归属或者学科内容？或许，服务学习的体系过于庞大，并在一些实践中与社会正义和制度转型相联系？本书之后的章节将详细论述这些问题。

对于服务学习这样的领域而言，想要在学术领域中获得一席之地存在不少挑战。与其他任何一个新领域一样，它的倡导者需要为这个新领域寻找一个"制度归属"（an institutional home），这往往被视为一种创新之举。随着该创新之举在高等教育中逐渐制度化，领导者首先采取的步骤之一是创办期刊和建立专业协会（Clark, 1968）。服务学习和社区参与领域的期刊包括由密歇根大学金斯伯格社区服务和学习中心发行的《密歇根社区服务学习杂志》（*Michigan Journal of Community Service-Learning*）、印第安大学的《公民参与与高等教育杂志》（*The Journal of Civic Engagement and Higher Education*）、世哲出版公司（Sage）的《教育、公民与社会正义》（*Education, Citizenship and Social Justice*）、阿拉巴马大学的《社区参与和学术杂志》（*Journal of Community Engagement and Scholarship*）、北卡罗来纳大学格林斯伯勒分校的《伙伴关系：服务学习和社区参与杂志》(*Partnerships: A Journal of Service Learning and Community Engagement*)。除了建立期刊，还需要做其他工作来开发适合校园的项目。

服务学习运动得到了诸如校园契约之类的组织的支持，其发展策略往往是在校园里建立服务学习中心、开设服务学习课程、培育服务学习师资力量等。为了使服务学习成为学校使命和日常工作的一部分，很多工作已经得到落实，如为各校区教师提供支持、进行年度调查、让学校领导参与其中，以及从私人慈善机构和联邦资助的项目（如国家和社区服务公司①、学习和服务项目②）获得资助。其中值得注意的是校领导的参与，因为只有当校长同意加入校园契约组织，学校才可以成为该组织的会员单位，校长不仅在该组织的全国委员会中担任职务，也会在该组织的州委员会中担任职务。校园契约组织近期的调查发现，95%的会员学校都提供服务学习课程，其中64%的学校要求服务学习作为至少一个专业的核心课程的一部分（Campus Compact, 2013）。此外，这些学校中只有不到一半的学生（44%）参与过某种形式的社区参与项目。制度化的另一个指标是对从事与服务学习有关的教学与研究的教师的支持程度。近70%的会员学校会嘉奖在社会服务和社区研究中做出贡献的教师（Campus Compact, 2013）。

学生发展、教师参与、社区影响和制度化方面研究的推进，促成了全国的和国际性的会议，也为该领域积累了大量的文献资料。

服务学习和社区参与研究国际协会（International Association for

① 国家和社区服务公司（Corporation for National and Community Service）是美国志愿队（AmeriCorps）的官方名称，它是根据1993年的《国家和社区服务信托法案》创立的。——译者注

② 作者原文为Learn & Serve，全称为Learn and Serve America，是国家和社区服务公司旗下的一个政府项目。它的使命是为全国的学生提供参与服务学习项目的机会，并在帮助社区的同时获得宝贵的经验。——译者注

Research in Service-Learning and Community Engagement, IARSLCE）于 2001 年建立，旨在推进对服务学习领域的研究。2013 年，该组织发行了《服务学习与社区参与研究国际杂志》（*International Journal of Research on Service-Learning and Community Engagement*）[①]。

　　另一个衡量创新的制度化的指标是在校园里获得显著的或举足轻重的标杆式的发展。为了评估学校在社区联系、合作和课程参与方面的表现，卡内基教学促进基金会为希望促进社区参与的学校构建了一套新的分类程序，该程序于 2006 年进行首次认证，于 2008 年、2010 年和 2015 年分别又进行了认证（Carnegie Foundation for the Advancement of Teaching, 2011）。截至 2015 年，共有 361 所学校由于其社区联系或课程方面的突出表现而获得认定。绝大多数校园都获得了两类认证。正如卡内基教学促进基金会所定义的：

> 社区参与是指与社区成员一起开展活动。在互惠的伙伴关系中，社区和学校双方共同定义问题是什么、解决方案是什么以及什么是成功的举措。社区参与需要学术界认可、尊重并重视社区合作伙伴的知识、观点和资源。这些过程旨在服务于公共目的，提升参与其中的个人、团队和组织的能力，从而理解并合作解决公众关心的问题。（Carnegie Foundation for the Advancement of Teaching, 2015: 2）

　　卡内基教学促进基金会的认证体现了大学中服务学习和社区参与的深度制度化。校园中另一项对服务学习和社会服务工作的认证是由联邦政府管理的：高等教育社区服务总统荣誉榜。除了一般的社区服务，学校也可以在经济发展、教育和不同宗教信仰者的社区服务这几个类别中申请该称号（Corporation for National and Community Service, 2014）。

---

① 　该杂志的网址为：http://www.researchslce.org。——译者注

二、社会创业的简要历史

社会创业的根源在学校之外。由 eBay 创始人杰弗瑞·斯科尔在 1999 年创立的斯科尔基金会和由比尔·德雷顿在 1980 年建立的阿育王组织，是这一领域的引领者。斯科尔世界论坛由斯科尔基金会赞助，该论坛汇聚了社会创业者和思想引领者，以共同发展社会创业领域。对社会创业者进行投资是斯科尔基金会工作的一个里程碑。牛津大学赛得商学院的斯科尔社会创业中心是全球首个聚焦该领域的机构。自成立以来，斯科尔基金会总投资超过 500 万美元，用来支持和深化社会创业者在社区中的工作。

在 35 年的发展历史中，阿育王组织支持了来自 70 多个国家的 3000 多个社会创业者，他们被称为阿育王成员，这些人活跃在公民参与、教育、人权、环境、经济发展和健康等领域。成员身份的认定是基于他们改变模式的行为、组织资源的能力，以及对社会问题和社区的影响。阿育王组织界定了产生系统性社会变革的五条路径：一是市场动力和价值链；二是公共政策和产业规范；三是完全包容和同情；四是商业与社会的一致性；五是创造改变的文化。这些成员改变了社区，拓展了帮助贫困人群的渠道，为小生产者开辟了市场，或者通过了促进公民权利和人权的法规，为特殊人群创造了就业机会，在才华和领导力被边缘化的群体中创造变革和赋权的文化。在阿育王组织的帮助下，社会创业者能够加大力度推进社会使命（Ashoka, 2013）。在阿育王组织的话语中，社会改变的方法是"部门和问题不可知论"，即实现改变的杠杆可能在商业部门、公共部门或者非营利组织中，或是一种混合形式。

如同服务学习一样，社会创业有很多定义。这些定义中体现出的主题，意味着社会创业者为应对充满挑战性的社会问题带来了创新的视野、人才和资源。社会企业（social enterprise）一词也用来指代社会创业，但通常是更狭隘地指创办支持社会使命的营利性企业。或者说，"非营利组织为支持其公益使命而采取的任何产生利润的商业或策略"（Social Enterprise Alliance, n.d.）。社会创业者被视为社会变革代理人，是有利于全人类的创新先锋，也是有壮志、有使命、有战略、有资源，并以结果为导向的人（Skoll Foundation，转引自 Brock and Steiner, 2009: 22）。布洛克（Brock）、斯泰纳（Steiner）和约旦（Jordan）清晰地列出了哪些因素让社会创业更具创新性和潜力。他们认为，"社会服务机构几十年来一直以十年前、二十年前的方法解决社会问题"（2012: 80-81），社会创业者正在开辟新的道路，挑战现状，创造解决社会问题的新方法。社会创业利用商业技术来组织和衡量已完成的工作，创造可持续的创新性的方法，而非进行一次性的干预，从而带来积极的社会影响。作者认为，"社会创业不同于其他社会和组织的努力，因为它采用创新技术，通过创造长期的、自足的商业模式来解决社会问题。从这点来看，社会创业是当今唯一真正'可持续的'人道主义模式"（Brock, Steiner and Jordan, 2012: 90）。

约翰逊（Johnson）认为，社会创新者模糊了公共、私人和非营利领域的界线，无论是在这些领域的定义上，还是在解决社会问题所使用的资源上（Johnson, 2000，转引自 Brock and Steiner, 2009: 21）。迈尔（Mair）和马蒂（Marti）认为，社会创业者满足了不能完全被政治或者经济机构满足的需要（Mair and Marti, 2006）。有趣的是，这些定义很少体现出商业模式或解决社会问题的方法的重要性。尽管如此，正如我们下面将看到的，社会企业家精神往往在商学院生根发芽，通常是作为企业家精神项目的延伸。

阿育王大学在大学社会创业教育领域中的领导地位，可以与校园契约组织在服务学习领域的地位相媲美。

在阿育王大学想象的世界中，任何地方的高等教育机构都为社会创业者提供有利的环境，每个人都能够获得所需的学习机会、榜样、资源和同伴，发挥他们作为社会企业家和变革者的潜力。(Ashoka U, 2014a: 9)

阿育王大学的目标是创建和支持项目，在这些项目中教授大学生社会创业的技巧、理论和应用，以应对社会挑战。它的组织模式不同于校园契约组织。社会创业出现时，大学校园中已经有不少旨在培养学生成为好公民，积极参与社区发展、公共协商、社区服务学习的项目了。2013 年，为了解社会创业教育的地位和组织结构，阿育王大学调查了美国国内外 900 所大学（Ashoka U, 2014b），并得到了 200 多所大学的回复。研究报告指出，社会创业的课程和课外活动都有了十足的进步，包括系列讲座、孵化器的发展，课程开发和执行，以及随着主修专业、辅修专业和证书项目发展而来的社会创业课程的制度化（Ashoka U, 2014b）。根据阿育王大学的研究，大部分社会创业项目归属于商学院（55%）；不过，最近社会创业课程开始慢慢向其他系、所拓展，如公共政策（9%）、社会科学（6%）等。但这并不是说这些课程已经很好地整合到其他课程中去了（或许，这个领域还没有成熟到可以进行更深层的整合）。不足三分之一的学校声称社会创新的概念和实践已经很好地融入了整个校园。大部分学校采用社会创业或者社会创新（51%）的概念来形容他们所做的工作，有 10% 的学校用"服务学习"的概念形容"社会创新和服务学习重合之处"（Ashoka U, 2014b: 24）。也有差不多 10% 的学校声称，社会创新不同于服务学习，或者他们不清楚社会创新在他们学校的发展现状。这一领域与日益受到重视的校园创新相结合，拓宽了社会创新的使用范围，不仅包括了社会创业精神，也包括了其他方面。

应该提出的是，社会创业的实践不同于社会创业教育。Brock 和 Steiner（2009）在对社会创业教育的回顾中指出，首批社会创业教育项目是在知名大学（如哥伦比亚大学、乔治城大学、哈佛大学、斯坦福大学、加州大学洛杉矶分校、耶鲁大学等）的研究生层次建立的。社会创业教育的一份研究报告显示，全球共约 150 所大学提供社会创业课程，许多大学已经有了将学术指导和田野工作相结合的成熟项目（Ashoka U and Brock, 2011）。虽然社会创业教育早期建立于商学院，但课程越来越多地体现出跨学科性。尽管如此，社会创业教育向人文科学靠近的速度却一直很缓慢。此外，尽管社会创业项目率先在研究生阶段建立，现在也开始在本科阶段中设立了，无论是在四年制还是两年制的本科院校。跟服务学习一样，社会创业教育也追求将学术经验与现实世界的实践经验相结合。

社会创业作为一种跨领域的社会问题的解决方案，提出了广泛的主张。与服务学习一样，社会创业领域也催生了多份期刊，包括《社会创业杂志》（*Journal of Social Entrepreneurship*）、《斯坦福社会创新评论》（*Stanford Social Innovation Review*）、《社会创业和社会创新国际杂志》（*International Journal of Social Entrepreneurship and Social Innovation*）、《社会企业杂志》（*Social Enterprise Journal*）。2012 年，美国管理学会（Academy of Management）在《学习与教育》（*Learning and Education*）杂志上发表了一期有关社会创业教育的特刊，正如 2006 年《世界商业杂志》（*Journal of World Business*）所做的一样。许多机构都在研究社会创业者的特质和社会创业的实践，包括社会创业研讨会（Research Colloquia on Social Entrepreneurship）、国际社会创业研究会议

（International Social Entrepreneurship Research Conference）^①和纽约大学的社会创业研究大会（Social Entrepreneurship Research Conference）。相较而言，关于大学及其合作者在培养学生社会创业的哲学思维、实践能力和学科认同方面所做的努力的研究还不多。

最后，正如卡内基教学促进基金会对服务学习的分类，阿育王大学也对大学进行了认证。根据课程的质量和严格程度、师生在教学上的参与程度、社会创业教育资源的财政支持保障程度、社区中社会企业家的参与程度等，阿育王大学决定是否向申请认证的大学授予"创变者校园"（Changemaker Campuses）的称号。截至 2015 年，全球共 30 所院校获得了认证，其中美国有 24 所。

三、服务学习与社会创业的共同特征

经过了几十年的发展，服务学习在高等教育中逐渐占据重要地位。它的拥趸自然是希望它有更强的存在感和更大的影响力，尤其是在议程设定、使命的中心性和资源获取方面。而校园里大部分人仅仅知道什么是服务学习和公民教育，它们能做什么以及希望实现什么。社会创业是新出现的，但也寻求和服务学习一样的制度支持和认可：课程、在课程体系中的位置、研究中心、研究计划、学生、教师、主修专业、辅修专业、证书项目等。两者都努力获得资源、尊重以及在校园中的合法性地位。

在 Jones、Warner 和 Kiser（2010）对服务学习和社会创业进行比较的文章中，他们呼吁，找出两者在实践方面的重要区别的同时，也要找出两者的"一致之处"。他们认为，相比于社会创业者的颠覆性潜力，服

---

① 原文为 the International Research Conference，根据研究内容及表 1.1 的总结，本处应该是作者遗漏了 Social Entrepreneurship 两个单词，或是进行了缩写。译者根据自身理解对此会议名称进行了调整。——译者注

务学习更有可能促进与合作伙伴的合作。另外，他们认为，社会创业的重心在于社会变革，对学生的学习结果关注不多。从另一个角度看，服务学习推动下的社会变革可能是小规模的，但平衡了学生、大学和社区的多方需求。

有一个强有力的论点可以证明人文科学、服务学习和社会企业家精神之间的联系。"基于社区的服务学习提供了社会科学技能和知识与社会创业之间的联系……（学生）意识到社会科学学习是如何对创造性地解决社会问题产生直接影响的。"（Winfield, 2005: 15）在服务学习项目上与社会创业组织进行合作，可以为学生在观察和个人技能方面提供自信心，Winfield 认为这可以让他们从愤世嫉俗转为积极参与社区活动。

在一篇关于研究型大学社区参与型学术和服务学习的工作论文中，Schnaubelt 和 Rouse（2013）对这些领域的异同点做了有益的开创性研究。不过他们也提醒道：他们的观察是"基于个人体验和与大学学生、教职员工的互动，并非基于实证的或者系统的研究"。正如他们所说，实践的多种定义表征了每个领域，不过，它们都对社区和学生影响表现出兴趣。两个领域都试图将实践推广到多个学科，并鼓励跨学科合作。两个领域都希望学生理解社会问题产生的根源，而非仅仅通过为社会服务机构做志愿者来接触和了解社会的不平等。两个领域都在学校的课程和课外活动中出现，都寻求在高等教育中、在不同的学位层次上、在校园中合适的地方扩大发展。两个领域都具有对学生、社区或者机构产生重要影响的潜力，尽管这尚无法保证。

这两种教育学生参与的方式有一些重要的共同点和交集。其中有一些在校园契约组织的"连接公民参与与社会创业"网络研讨会上已经提及（Schnaubelt and Smith, 2013）。两个领域都关注社会或公共利益，致力于解决导致社会问题的根源。两个领域都可以在教育、卫生健康、社区发展、消除贫穷、人道主义救济和其他社会问题空间中开展工作。两个领域都非常需要同理心和换位思考，站在他人的角度看问题，并以他们的名义与他们一起行动。无论在服务学习还是社会创业的教学中，同理心和换位思考都是非常重要的学习目标，尽管也有人认为在服务学习中该目标更加突出。同时，两个领域都寻求跨学科或者多学科发展，这意味着如果学生想要以持续和富有成效的方式参与社区活动，那这方面的努力还是必要的。

两个领域在学校层面及归属学科上也都面临着相似的挑战。与服务学习一样，社会创业在实践和教学的定义上有巨大分歧。服务学习或社会创业的定义挑战了它们各自所在的领域。随着大学参与其中，社区工作也出现了一些重要问题。服务学习的课程应该是以慈善模式还是社会正义模式为主导、服务学习是否该维持现状、服务学习是否构成一个研究领域（Butin, 2010），或者该领域在中小学、医疗保健和典型的服务场所中是否真正产生了影响，等等，这些争论在社会创业中也同样存在。社会创业必须有一个成功的商业模式吗？开展一定慈善工作的营利企业是社会创业属性的吗？商业指标是衡量社会领域成功的最佳标准吗？什么构成了真正的社会企业家精神？汤姆斯布鞋公司的做法是一个值得效仿的模式吗？游戏水泵（Play Pump）又如何？为什么社会企业家创办的诸多承诺提供清洁的水、改善健康、提升卫生条件或建设优质学校的项目最终都以失败告终？

从事服务学习和社会创业教学的教师也面临着挑战，他们需要吸引其他教师加入进来，将服务学习与社会创业的教学与各自学科的关注点及他们所在机构的使命联系起来。一些学科，如服务学习中的社会学、公民参与中的政治学、社会创业中的管理学，仿佛是这些教学方法的"天然的家"。在某些情况下，情况正好相反，关于应用学科是否与理论导向的实践（theoretically oriented practice）一样有价值的学科争论，可以证明这一点。

服务学习和社会创业都试图通过展示应用知识、实地验证理论、吸纳学生作为研究人员和实践者来改变高等教育。事实上，阿育王大学就利用高等教育颠覆性创新（disruptive innovation）的框架来展示它的工作。颠覆性创新将寻求以更灵活、成本更低、更多学生负担得起的高等教育模式来取代现有的高等教育模式（Christensen et al., 2011）。写到这里，也就想到了慕课（MOOCs，大规模公开在线课程）。在社会创业教育中，不仅仅是实践者在教授某一类社会变革的模式，主要的倡导者也在承担彻底重塑大学的项目。服务学习的倡导者可能会支持大学转型，但不太会支持大学被网络的替代证书（alternate credentialing）所颠覆，也不太会支持一些社会创业者推动的重大社会变革。

正如前文所指出的，在服务学习和社会创业领域各自的文献中都很少提到另一方的工作。或许，更多的融合发生在这些领域的边缘事务上，只是没有体现在主流期刊和会议上而已。也有一些人提出，服务学习和社区服务是通往社会创业的两条路径———一种唤醒学生社区意识的教学策略。

> 让教育领域"基于社区的学习"的方法论促进商业领域、非营利领域和社区领域的社会创新文化。让社区中有组织的学习方式服务于社会创新的伟大目的，以实现社区的最大需求，以及同样重要的，增强社区的最大资产。（Green, n.d.）

这一发展模式的前提是，服务学习项目可以提升个人意识、挖掘潜在的同理心，从而为后期的社会创业奠定基础。该发展模式还没有得到任何严格的应用或认真的研究，但对于一些项目来说，以强大的服务学习课程为核心，能够让学生对社会创业产生兴趣。

服务学习项目实践中的另一个关键要素是与社区合作、在社区中工作。有关服务学习的研究长期以来一直强调，要加强对真实社区需求的关注，乐意采纳社区合作者的观点，促进社区合作伙伴间的互惠关系。尽管这些前提很重要，但我们也看到，有一些合作伙伴关系是处于缺乏相互尊重和协商的情况下的，这种情况下的服务学习项目对社区来说根本不是互惠的，也不能给社区赋权（empowering for communities）。

美国大学与学院联合会一直致力于制定评估公民参与的标准，以及本科教育的其他方面的评价标准（AAC&U, 2013）。美国大学与学院联合会引用了欧利希（Ehrlich）的观点，并对公民参与给出了如下定义：

> 努力使我们社区公民的生活有所不同，并促进知识、技能、价值观和动机相结合，以实现这一不同。这意味着通过政治和非政治的程序，提升社区生活的质量……公民参与包括个人参与到个人和公共关心的活动中，这些活动既丰富个人生活，也对社会有益。
> （AAC&U, 2011; Ehrlich, 2000）

服务学习、组织他人参与公共行动、提升社区意识、社区研究和其他行动，都是公民参与所包含的工作。在这些评价标准中，考虑的维度包括：社区和文化的多元（学生是否因为在不同的社区和文化中工作而改变了自己的态度和信仰）；对知识的分析（学生有没有将学术课程联系到公民参与中）；公民认同和承诺（学生是否清楚自己通过公民参与学到了什么，并表现出持续进行公共行动的意愿）；民间交流（学生能否根据不同的社区调整沟通方法，以推动公共行动）；公民行动和反思（学生是否表现出了对复杂公民行动的领导能力，并反思自己的目标和成就）；公民环境/结构（学生是否表现出跨社区或在社区内工作的能力，以实现公民目标）。上述任何一个公民参与的评价标准都没有将社会创业排除在外，但在一些研究人员看来，社会创业的教学目标有很大不同。

四、服务学习与社会创业的关键差异与区分

尽管服务学习和社会创业存在诸多共同之处，但也有显著的区别（Schnaubelt and Rouse, 2013）。最重要的区别包括：前者聚焦团队和合作，后者聚焦个体主义；前者的话语借鉴于非营利部门，后者的话语则来自商业世界。两个领域的其他区别在于：服务学习领域的部分人对以市场为基础的社会问题解决方法持怀疑态度，而社会创业领域则拥抱市场化的解决方案。服务学习领域旨在教育学生公民参与和民主，而部分类型的社会创业则致力于解决政治之外或者独立于政治的问题。在大学里，服务学习和社会创业的学科归属也往往不同。一方面，社会创业课程和项目更有可能在商学院中出现，尽管这一现象正在改变（Ashoka U, 2014b）。另一方面，从校园契约组织的资源网站上发布的教学大纲的数量来看，相比于生物学、商学、金融或市场营销专业，服务学习课程更有可能出现在社会学、教育学、社会工作、英语和民族研究专业。服务学习和社会创业的吸引力也吸引了不同的学生参与到上述项目中去。

大多数已经发表的报告显示，女性比男性更有可能参与到社区服务和服务学习中去（Bonnet, 2008）。关于男性是否比女性更容易被社会企业家精神所吸引，目前还没有权威的研究数据，但考虑到大多数社会创业项目都设在商学院，我们可以预计这些项目会有更多的男性学生。2012 年，约 52% 的商学学位被授予了男性（U.S. Department of Education, 2013）。这或许简单地反映了服务学习和社会创业的学科归属，以及这些学科中学生的性别分布。尽管如此，这种差异值得进一步研究。

服务学习和社会创业对国家、政府和政治的理解和认可也有所不同。服务学习的核心竞争力集中在决策、分析以及与社区成员一起改变或完善法律和政策上。而在一些情况下，社会创业认为需要避开政府和

政治。市场和新的非营利组织能够解决国家和主流非营利组织无法解决的社会问题。如果客户和公民可以变成有选择的消费者，那么教育问题和其他社会挑战可能会得到解决（Giridharadas, 2011）。社会创业者可以担负起提出解决方案、承诺解决问题的任务，他们依靠个人的慈善行为，而不是与国家行为体（state actors）和社区成员合作，推动更持久、更可持续的、可以真正在特定社会背景下产生影响的社会变革。

社会创业更多的是嘉奖新成立的组织，而非支持已经存在的非营利组织。从1990年至2010年，非营利组织的数量增长了150%（Chronicle of Philanthropy, 2011），而且，考虑到社会企业家的创业热情，这一趋势可能会持续下去。当前社会创业浪潮的出现可能不是推动非营利组织扩张的最重要因素，但新组织的激增是一个值得思考的发展动态。并不是所有新成立的组织都是创业型的，当然，有些会被这样认为。经过过去十年的显著增长，美国目前有230万个慈善机构正在运行（Blackwood, Roeger and Pettijohn, 2012），这并不是令人担忧的发展，或许这些新成立的组织正在回应之前未被满足的需求。大量增加的新的非营利组织可以为教师和学生参与基于社区的工作提供新的机会。这种增加，只是再次印证了Enos和Morton（2003）提出的关于这些组织变革背后具有多样的文化和理论的观点。并非所有合作伙伴关系都是重要的或者变革型的（transformational），社区合作伙伴代表着一系列的利益、运营理念和社会变革的方法（Morton and Enos, 2002）。非营利组织的增加带来了挑战，也带来了机遇。但是，有人担心建立更多的组织意味着重复，这会加剧对稀缺资源的竞争，也会使合作变得更加困难，还会增加该领域的行政负担（Urban Institute Center on Nonprofits and Philanthropy, 2012）。尽管服务学习和社会创业都在社区开展活动，学生参与到社区中的目的可能有很大差别。

除了核心内容之外，服务学习领域所教授的内容与社会创业领域所教授的内容在本质上可能有所区别。这两个领域强调不同的学习目标和策略。本着培养更多参与型公民的目的，服务学习让学生参与到多种多样的实践和环境中去。在一系列的课程和体验中，学生学习"公民知识、技能、性情（价值、意愿），以及实践 / 行动"（The Center for Engaged Democracy Core Competencies Committee, 2012: 11）。除了创造通过行动直接服务 [1]（action through direct service）的机会、写信给政府官员和鼓励其他人参与公民生活之外，服务学习还强调服务和为他人服务。此处有个建议，应让学生通过亲身经历感受到社会的不公正。这种来源于社区经历的感受，不同于来源于服务学习课堂的感受，会让学生对社会变革与公民参与有更加长期和持久的承诺。社会创业教育则更加侧重于技能锻炼，教授学生如何组织资源解决社会问题。学生会学习标准的商业管理技能，学习社会创业的模型，或许还能与社会创业的实践者进行合作。社会创业领域还会采用绩效指标和模型，其采用方式可能会令服务学习的实践者感到陌生。

服务学习的实践者或许会怀疑社会创业，并质疑该领域有什么是新的、与众不同的，也会质疑其商业方法是否能够有效运用到具有挑战性的社会问题上。这种质疑源于用商业方法应对社会问题的盛行。最近流行的几本书（如《金字塔底端的财富》[Prahalad, 2010]、《蓝色毛衣》[Novogratz, 2009]）以及格莱珉银行（Grameen Bank）运动等，将社会创业置于公众视野中。服务学习和社会创业都依靠市场和投资方法来改善穷人获得商品（如眼镜、清洁水和信用贷款）的机会。像 KIVA（www. kiva.org）这样的组织，依靠向全球企业家提供小额贷款的众筹，在不到十年的时间里为 90 万笔小额贷款筹集了超过 4.11 亿美元。这些案例都

---

① 一般认为，服务有四种类型，其中之一是直接服务（direct service）。它是指直接为从他们的服务中受益的人工作或与他们一起工作，如在流动厨房提供食物、辅导年幼的孩子等。——译者注

为国际发展提供了新的动力。这也表明，社会不仅需要新的组织，也需要新的组织类型。

社会创业模型和社会创业教育，也都接受带有社会目标的混合组织模型。共益公司（Benefit Corporations, B-corps）、支持社会使命的营利企业、将营利要素与非营利要素相结合以获得资助和慈善支持的新组织形式的发展，正在改变整个组织格局。有一点无可争辩的是，以汤姆斯布鞋公司（网址：http://www.toms.com）和 RED 运动（网址：http://www.joinred.com）为代表的社会创业项目非常受欢迎，但它们的出现引发了关于这种社会变革模式的重要问题。这些将在第三章中详细讨论。

表 1.1 对公民服务学习和社会创业的异同进行了总结。

表 1.1 服务学习和社会创业的比较

实践维度 *	服务学习	社会创业
使命	聚焦高等教育培养大学生公民技能和价值取向的目标；将课程和服务进行连接，作为公民参与的路径	关注开发新的方法解决社会问题；对组织形式持不可知论；旨在教授学生社会创业问题解决方法的技能和价值取向
使用话语	公民参与；服务	投资回报；可扩展性；双重／三重底线
聚焦	服务所需的技能与价值观的发展	问题解决技能的发展
核心教学目标	参与和同理心；反思；个人转型	问题解决；创造新方法；风险承担；可持续性；同理心
学习重点	关注过程；对行为和学习的反思	关注结果
资助机构	凯洛格基金会（Kellogg Foundation）；福特基金会（Ford Foundation）；露明纳基金会（Lumina Foundation）；全国社区服务公司（Corporation for National and Community Service）	戴尔基金会（Dell Foundation）；斯科尔基金会（Skoll Foundation）；盖茨基金会（Gates Foundation）
学科归属	全校性；每个学科都有可以通过服务学习得以实现的教学和学习的目标	主要在商学院，并扩张到其他院系；每一个人都可以在最近的迭代中成为创变者

续 表

实践维度 *	服务学习	社会创业
该领域的引领者	校园契约；美国民主计划；美国国家公民学习和民主参与行动高校联盟（Association of American Colleges and University's National Civic Learning and Democratic Engagement Action Network）；凯特灵基会；全国社区服务公司	阿育王和阿育王大学；斯科尔基金会；赛吉；阿尔格农·西德尼·苏利文基金会（Algernon Sydney Sullivan Foundation）
该领域卓越成员所获称号认定	卡内基参与型院校分类；高等教育社区服务总统荣誉榜	阿育王大学创变者校园；克林顿全球创新大学
学术领域发展	主修、辅修和修读方向都在不断增加	主修、辅修和修读方向都有一定增长
高等教育中的发展	34 个州的 1100 所高校都成为"校园契约"的成员	2014 年阿育王大学调查显示全国有 200 多所大学有社会创业项目
构建项目和支持的策略	关注教师，形成对社区拓展工作的系统化的支持	关注全校范围内的创变者的培养
运动的起源	起源于高等教育内部，呼吁回归公民的公共目的、促进民主	高等教育外部，随着社会创业领域的发展
高等教育的计划	大学转型，回归公共目的	破坏性创新，或许是高等教育处理所面临的挑战的方式
期刊	《密歇根社区服务学习杂志》《公民参与与高等教育杂志》《教育、公民与社会正义》《社区参与和学术杂志》《伙伴关系：服务学习和社区参与》《服务学习与社区参与研究国际杂志》	《社会创业杂志》《斯坦福社会创新评论》《社会创业和社会创新国际杂志》《社会企业杂志》
研究机构	服务学习和社区参与研究国际协会	杜克和牛津大学等举办的社会创业学术座谈会；国际社会创业研究会议；纽约大学社会创业研究会议
与非营利组织的关系	与非营利组织合作共事	对传统非营利组织提出批评
一致性	多种形式的服务学习和社区参与；有人强调社会公正的结果；有人强调社区建构；有人强调民主实践和公民技能；也有强调学生技能、价值和性格的发展	多种形式的社会创业；有人关注创收、技术修正，以及解决问题中对市场的依赖；有的人则偏向社会运动、参与发展公民部门

实践维度 *	服务学习	社会创业
评价	学生的学习情况	对问题的影响程度

*Jones、Warner 和 Kiser（2010）及 Schnaubelt 和 Rouse（2013）两份文献对该问题的分析有重要贡献。

五、总　结

至此，我已经将服务学习和社会创业的总体情况进行了描述，我们可以进一步考虑它们是如何在校园里进行组织的，以及不同的组织方式有什么区别。在下一章，我将选取 10 所大学作为研究对象，探索服务学习和社会创业项目是如何组织的。这 10 所大学既进入了卡内基社区参与型院校分类，又获得了阿育王大学"创变者校园"的称号。一些学校紧密地整合了各种各样的社会变革方法，而另一些则让这些做法保持相对独立。第三章将更细致地考察服务学习和社会创业，分析批评者们在这些领域发现的问题和不足。最后一章则提出一些前进方向，探索如何更好地在校园里组织服务学习和社会创业，从而丰富我们对学生在 21世纪成为积极公民的必备技能的理解。

CHAPTER 2

第二章

为了参与而组织

☑ **摘　要:** 当大学通过服务学习和社会创业将自身资源和社区所面临的挑战进行对接的时候,其自身也制定了一系列战略来促进这一使命的达成。在美国,有 10 所大学既被卡内基教学促进基金会认定为社区参与型院校,也被阿育王大学授予"创变者校园"称号,成为服务学习和社会创业教育的模范。对校园代表的采访,揭示了大学如何为了参与更广泛的社区事务而组织教职员工、学生和其他资源。这些大学组织参与工作的方式与其各自的组织使命、校园文化、参与的总体框架,以及参与工作在组织认同和运行中的中心地位有关。

☑ **关键词:** 阿育王大学;卡内基社区参与分类;创变者校园;参与的指标;制度化;服务学习;社会创业

本章关注大学如何组织其资源，以服务学习和社会创业的形式参与到更广泛的社区工作中。服务学习和社会创业可以被认为是高等教育中的创新——争取关注、资源和合法性的理念。正如克拉克（Clark, 1968）所提出的，高等教育中的创新可以发轫于大学之内，也可以发轫于大学之外。一项创新，越是能与组织文化的关键价值理念产生共鸣，就越有可能获得认可。一项创新的倡导者，往往会推出克拉克所说的"乌托邦理想"来支持他们要求变革的主张，并吸引支持者。随着该创新被逐渐认可和采纳，相关的主张也很有可能会被调整，以适应组织文化的环境。正如克拉克所追溯的那样，制度化的过程包括自觉群体（self-conscious community）的发展、对既定领域的批评、制度边界划定（哪些是我们的）和更有条理的概念方案（conceptual schemes）。新兴领域及其制度化的一个特点是对"模式""积极实践""标杆"和其他该领域认为是"领先实践的衡量标准"的认可（Clark, 1968）。在该领域制定标准很重要，而国家层面各创新和制度化机构的认可为高等教育中的服务学习和社会创业的增长和发展提供了有益的视角。这并不是说这些举措已经得到了普遍的承认，而是学术和文献研究推动了该领域的讨论，进而完善了该领域的规范。

　　学校是如何组织服务学习和社会创业的？服务学习起源于大学内部，社会创业则遵循另一种路径。克拉克提出，创新的程度与组织类型和其他因素相关。起源于学术界之外的创新，如社会创业，更有可能遵循的是内生增长模型（the model of organic growth）。为了进入学术界，这些创新需要能够渗透学科边界，并找到能够接受这些理念的机构。差异化的模型表明，来自大学内部的创新可能比来自大学外部的创新更少地具有"威胁性"。随着时间和环境的变化，学科或项目可能会出现进一步的专业化或差异化特征。而理念也可以通过扩散模型进行传播，在这个模型中，理念会被试验、测试、评估、采用或者摒弃。正如克拉克所说，"一项创新，离一个社会系统的中心价值越靠近，它就越可能被制度化"（Clark, 1968: 14）。校园必须依靠领导者（有时是边缘人物）来引入创新。一个领域的发展程度、可用于创新的资源、创新的开放程度和决策的集中程度，都与创新在校园发生的难易程度有关。

大学里社区参与的制度化程度一直以来是不均衡的。在一些大学里，社区参与位于课程和组织认同（organizational identity）的核心地位；而在另一些大学里，社区参与使学生参与学术事务和兴趣之外的课外项目。在一些大学里，社区参与的制度化已被纳入与人员招聘和晋升相关的考虑范围；而在另一些大学里，教师参与基于社区的工作却会阻碍其获得职业发展的机会。在一篇关于社区参与的潜力和持久力的重要文章中，Holland（2009）问到社区参与是否会改变高等教育，或者是否可以更好地成为一些学校的独特标签。仔细研究一下社区参与的制度化在高等教育领域中的传播和程度，就可以很清楚地发现，不同学校对社区参与的定义和认识大相径庭。社区参与工作的组织，推动着大学决定其在社区中的发展轨迹。两个问题关系到相关理念是否被社区采用：一是这个理念在这里行得通吗？二是这个理念符合社区的发展利益吗？Holland（2009: 88）通过评估社区参与的持久影响力，并回顾社区参与制度化的七个主要指标——使命、晋升、终身教职与雇佣、组织结构、学生参与、教师参与、社区参与和学校宣传出版资料，总结出了该领域的发展关键：社区参与是什么、做什么与机构的使命和特征之间存在重要联系。

Pigza 和 Troppe（2003）提出的服务学习和社区参与的基础结构模型，为评估大学组织该工作所采取的不同方式提供了一个可行的框架，包括：（1）聚焦式，社区参与只是少量涉及大学中的几个部门，且大学与社区几乎没有建立合作伙伴关系；（2）碎片式，大学中若干个部门与社区建有合作关系，但没有一个总体的方向，也没有协调起来；（3）整合式，在该模式中，相互参与的伙伴关系跨越组织边界，大学资源也是为了达到这些目的而进行部署。不同的模型体现了不同的发展阶段，即从小型合作开始，最终演变为大型、更全面的参与；或者也体现出由于校园文化、复杂性、领导变更及其他因素的影响，社区参与在一些大学里找到了发展的牵引力，而在一些大学里发展较小。

一、研究方法

制度化的衡量指标可以帮助我们更好地理解服务学习和社会创业是如何在校园里共同工作的。其中两个重要指标是卡内基教学促进基金会和阿育王大学开发的。正如 Jones、Warner 和 Kiser（2010）在其关于服务学习和社会创业如何在大学里发展的重要研究中所总结的，"需要进行更深入的研究，以跟踪服务学习和社会创业之间随着时间推移而发展起来的工作关系"（2010: 11）。卡内基教学促进基金会的社区参与型院校分类和阿育王大学的创变者校园认定，为理解在社会创业和服务学习领域领先的大学如何组织相关项目，提供了一个很好的窗口。为此，我查阅了同时获得这两种称号的最新的美国大学名单，并从中遴选出 10 所大学，这 10 所大学也是全美国校园契约组织的成员，一些大学还是该组织在一些州的总部。这 10 所大学都曾被国家和社区服务公司列入"高等教育社区服务总统荣誉榜"，其中一些大学还获得过"优异表现"的荣誉（Corporation for National and Community Service, n.d.）。这些大学中，有3所是公立的，其余都是私立的（Carnegie Foundation for Advancement of Teaching, 2015）。其中，亚利桑那州立大学是全美最大的公立型大学之一，有6万多名学生；也有一所小型的文理学院——米德尔伯里学院[①]，只有不到2500名学生。表2.1列出了这些学校的特点。

表2.1 同时获得两种称号的大学

机构	列入卡内基分类的时间	机构类型	本科生规模（2014年学生人数）
亚利桑那州立大学★	2006年和2015年	公立研究型	68064
康奈尔大学★	2010年	公私合营式研究型	20633
杜克大学★	2008年和2015年	私立研究型	14350
马凯特大学	2015年	私立研究型；博士学位授予单位	11689
米德尔伯里学院★	2006年和2015年	私立文理学院；学士学位授予单位	2482
波特兰州立大学	2006年和2015年	公立研究型	27901
罗林斯学院	2008年和2015年	私立文理学院；硕士学位授予单位	3294
杜兰大学	2008年和2015年	私立研究型	11464
圣地亚哥大学	2006年和2015年	私立研究型；博士学位授予单位	7868
西华盛顿大学	2010年	公立研究型；硕士学位授予单位	14575

★表示这些学校同时还是克林顿全球倡议校园（Clinton Global Initiative Campuses）。该组织是一个由70所大学组成的网络，鼓励学生进行社会创新，以解决克林顿基金会确定的关键社会问题。

数据来源："卡内基高等教育机构分类"中的卡内基分类与学生人数数据、分类数据文件，2015年6月9日，http://carnegieclassifications.iu.edu/resources/。

研究以上知名大学的社区参与——无论是服务学习还是社会创

---

① 也译作明德学院。——译者注

业——是如何组织的，将会是有趣的案例研究。在这一部分，我感兴趣的是了解服务学习和社会创业的组织是否有可观察的模式、其相关课程是否有典型的学科归属、大学如何建立这方面的总体框架，以及提供服务学习和社会创业的项目是如何相互关联的。同样重要的是，这些工作的组织机构是将项目嵌入课程中，还是设在管理学生事务的课外学习办公室，或者是其他机构。

二、服务学习的增长和制度化的衡量

由于服务学习在大学中已经存在近30年，已有较长的制度化的历史，因而比社会创业有更多的时间发展其实践领域。校园契约组织早期体现了参与型校园的理念。在参与型校园中，并非只有教师个人进行服务学习的实践，而是整个校园都纳入了服务学习和社区参与。服务学习的制度化有两个重要的考量因素：服务学习的传播广泛吗？它融入学术文化的程度如何？

Bringle 和 Hatcher（1996）为校园服务学习提供了一个总体规划工具，他们提出了一个模式，在包括规划、认可、评估、评价和制度化在内的各个维度审查以学生、教师、社区和大学为重点的活动。每一方都可以采取规划和行动步骤，以实现更深入、更广泛的参与。当服务学习成为校园使命的一部分并成为本科教育的一个明显特征时，它就不仅在某些学科实现了制度化，而且也成为通识教育的一部分了。服务学习在中心、项目和其他资源方面所获得的支持来自大学资金，而不是拨款或特别奖励。此外，学校还会对服务学习进行评估和衡量，检查其对学生、教师、大学生活和周边社区的影响。

卡内基教学促进基金会在2006年宣布了首批社区参与型院校名单。这是一种选拔性的分类，旨在超越传统的卡内基分类框架并进一步认识校园之间的差异。为了更好地分类，需要明确社区参与的内涵。社区参与指的是"在合作和互利互惠的原则下，为促进知识和资源交流，高等教育机构和它所处的区域（地方／区域／州层面、国家层面、全球层面）所进行的合作"（Carnegie Foundation for the Advancement of Teaching, 2015）。在2015年发布的名单中，卡内基教学促进基金会认证了240所大学，有一些是首次被认证的，有一些是过去已经获得过该称号并再次得到认证的。这些首次被认证的大学加上2010年分类选拔出的120多所院校，大概总共有361所院校进入卡内基社区参与型院校名单。这份完整名单可以在高等教育新英格兰资源中心官网上找到（New England Resource Center for Higher Education, 2015）。想申请该认证的高校需要进行一项自我评估并提交佐证材料，供卡内基教学促进基金会评审。材料需要包括学校在服务学习和社会创业领域所进行的相关工作的信息，以及大量的自我评估（Carnegie Foundation for the Advancement of the Teaching, 2014）。从2010年开始，卡内基教学促进基金会还会遴选出在外部联系和合作以及课程参与方面高质量发展的项目。

卡内基教学促进基金会在评审社区参与型院校时，主要考察以下几个方面：领导力（学校分管学术的主要领导或者校长的支持）、协调架构（它用来做什么，以及它的行政隶属）、内部和外部筹资、评价和证明、与大学战略规划的对接、专业性的发展、社区的反馈、奖励和晋升机制、课程参与、学生的反馈、社区参与类奖学金，以及外部联系和合作等。

为了更好地理解学校是如何组织社区参与方面的工作的，Welch 和 Saltmarsh（2013）对2012年被卡内基教学促进基金会认证的100所院校（共331所院校申请成功）的社区参与中心（Community Engagement Centers）进行了分析，并总结出6大类（66个）共同特征，分别是：（1）大学架构；（2）中心的基础设施；（3）中心的运营；（4）教师项目；（5）

学生项目；（6）社区合作伙伴的项目。利用这些条目，他们设计了一个调查问卷，并发放给成功申请了 2012 年卡内基分类的 331 所院校，最后获得近 150 所高校的反馈。77.6% 的高校反馈称，关于社区参与工作，它们有一个学术汇报程序（academic reporting line）。有 95.8% 的高校在该项工作上有机构预算资金。有 81% 的高校为社区参与成立了协调中心。以及 91.4% 的高校有全职的管理者。70% 的高校反馈称，它们已为服务学习、社区参与型研究或者社区参与这些工作明确了操作性定义。其他高校反馈称，这些工作还在进行中。当校园中出现与基于社区的工作相关的项目时，这些中心就需要拓展其工作。这些中心做什么、其他办公室和个人如何理解它们，是非常重要的。

　　为社区参与活动创建一个操作性定义在推动社区参与成为大学优先事项方面起着什么作用？官方定义其是一种为校园内许多单位的社区参与活动提供广泛覆盖的方式，已建立的中心是否反对该定义？这种单一的官方定义是否会阻碍社区参与的学科定义的发展，从而不利于鼓励部门致力于社区参与？（Welch and Saltmarsh, 2013: 48–49）

三、社会创业教育制度化评估

　　创业教育的扩散非常明显，创业课程从 1985 年的 250 门发展到 2008 年的 5000 多门。据考夫曼基金会统计，目前大概超过 5000 名教师在教授创业知识，近 40 万名学生在学习创业课程（Kaufman Foundation, 2013）。考夫曼基金会在美国校园里支持创业教育已将近 10 年。该基金会的目的是建立强劲的创业项目，并拓展到商学院之外的各个学科。Torrance（2013）总结了已参与两轮资助的高校在这方面的工作。尽管资助项目并非直接以社会创业为名义，但从项目描述中可以清楚地发现，教师和学生所做的许多工作显然属于社会创业的范畴。正如服务学习一样，这里的目的也是将创业从典型的学科（财经、管理等）拓展到大学中的其他部门。

这些方面的努力带给我们四个重要的经验：一是教师和行政管理者应尽早介入，有助于在明确项目如何实施方面得到更多支持者；二是（对创业的）灵活界定可以给学科和系、所更多自由，根据自身使命和兴趣来界定什么是创业；三是要保证得到高校领导层面的支持；四是只有通过与校园活动、媒体关系、市场、招生和其他渠道联结起来，创业工作才可以更顺利地进行。

阿育王大学一直记录着美国和全球社会创业教育近十年来的发展（Ashoka U, 2014b）。在最近的调查中，阿育王大学发现，社会创业课程和项目已存在于 200 多所大学中（Ashoka U, 2014b）。许多指标显示该领域发展迅猛。像服务学习一样，社会创业同样专注于制度化、对社会创业的实践提出要求、努力获得大学资源和支持、制定战略，向大学证明这一领域值得在高等教育中占有一席之地（Ashoka U, 2014b）。阿育王大学的一份报告就服务学习和社会创业在大学里的共存提出了重要观点。正如该组织所指出的，这些服务学习和社会创业之间的关系需要在校园和更大的平台上得到更多关注。该报告指出，校园中服务学习所扮演的角色可以与社会创业所扮演的角色区分开来。

> 高等教育中服务学习和公民参与运动在推进社会创新教育中发挥重要作用，但重要的是，我们要区分两者的目的、边界和期望的结果。只有将这些术语进行仔细区分，而不是把所有"行善"的项目都放在同一个桶里，才有可能避免不必要的地盘之争，才能有力地反驳一种普遍的怀疑——社会创新只是一个"我们一直在做的事情"的浮夸的新名字。（Ashoka U, 2014b: 25）

一些实践原则反映出社会创业教育的卓越（Ashoka U, 2014a），比如：在课程开设上注重将社会创业精神融入学科背景；促进个体与领域的联结；探究一件事的深度而非广度；将现实时空中的问题解决与课堂学习联系起来；提供一系列依次培养技能、创业导向和传授知识的课程；不停留于思考而去动手试验和实干。

在社会创业领域，阿育王大学通过授予"创变者校园"的称号，来认定那些具有示范项目的大学。这个认证程序始于 2008 年。要获得这个称号，大学需要经历四个步骤，第一步便是对全校的社会创业情况进行一个综合性的评估。第二步阿育王大学会向学校提供反馈，并分享一些已经获得该称号的大学案例。

第三步是对大学进行现场考察，与校领导进行会谈，并对申请材料进行指导。如果申请成功，那么提出申请的大学就可以获得"创变者校园"称号，整个流程大概需花费 2 万美元。截至 2015 年 6 月，阿育王大学已经认证了 30 所大学，除了其中 5 所，其他都位于美国（Ashoka U, 2015）。

在 2015 年的春天，我梳理了 10 所案例学校的官方网站，搜集关于服务学习和社会创业项目如何组织的一些基本信息。如果该校正好位于设有校园契约组织州办公室的那些州（除了杜兰大学和亚利桑那州立大学之外的其他全部大学），我就联系该州校园契约组织州办公室主管，确认谁是该校的联系人，以便获得服务学习和社会创业组织方面的关键信息。与各州校园契约组织州办公室主管的对谈，可以为了解该州大学里社区参与的情况并获得宝贵的见解。接受我采访的几位校园代表已经在他们的岗位上工作了 10 多年，这为他们提供了了解校园趋势和发展的重要视角。我们对校园代表进行了为期 8 周的电话采访（受采访者信息见附录一）。采访的关键问题包括大学里服务学习和社会创业的组织有哪些、描述社区参与时所采用的定义是什么、这些做法的程度和制度化情况如何、服务学习和社会创业是如何支持大学使命和战略方向的。这些问题在采访前就发给了受访者。采访时间一般为30—90分钟。访谈内容总结好后发给校园代表，以确定记录的内容是否完整、准确地表达了他们的意思。

四、访谈结果分析

访谈发现，这10所大学在如何定义社区参与、如何组织以及该工作如何融入已经存在的大学文化和使命等方面存在重要区别。如果学校样本数量再大一些，我们或许可以期待出现一些共通的模式。然而，在这10所大学中，我们看到的更多是与大学规模、历史、文化和领导力相关的个体情况。以下8个观察结果值得特别关注。

课程和课外活动参与。访谈的10所大学将服务学习和社会创业与课程和课外活动进行联结的方式有很大的差别。一些大学要求，在整个培养方案和学生学业生涯的某些节点上学生必须学习若干服务学习课程，这就意味着几乎每一个教授这些课程的教师都要做一个与社区工作相关的项目。由于这是学术要求，基于社区的学习也就被置于学术使命的中心。在另一些大学里，社区参与或许是学生发展与学习的重要部分，但这项工作隶属于学生事务部门，多半存在于学术工作之外，如果有教师参与，通常是与指导性学习或独立研究有关。这一观察结果也适用于服务学习和社会创业。

机构化和项目建设。服务学习和社会创业教育项目都依赖于各种策略来获得项目支持，并朝着在学院获得（学科）归属或空间的方向发展。由于带有服务学习和社会创业元素的课程已经得以开展，所以可以采取课程改革的形式来推动。在一些学校，辅修专业、证书项目和主修专业中都有了足够数量的相关课程。因为服务学习是在校园进行的，它们与课程联系更为紧密。一些学生组织得以建立，并成立了全国性的附属机构。竞赛、奖项等都在校园里逐步设立。服务学习可以成为通向社会创业的一种路径。在一些学校里，正是学生的兴趣扩大了服务学习和社会创业的机会。在部分学校中，也正是学生的兴趣促成了社会创业项目的发展，而这些兴趣往往是在服务学习课程中被激发的。学生开始意识到社区存在的问题，并想要去做更多的事情。社会创业被视为一个适当的工具，来组织问题解决和社区建设。

中心化和去中心化。在一部分学校，哪些部门、教师和员工在从事社区参与工作会相对比较明确。这些机构和人员可能被安排在一起，尽管会向不同的部门汇报工作，也可能有很紧密的合作关系与工作联系，比如学术服务学习办公室（Academic Service-Learning Office）负责支持教师确保、管理和协调与课程相关的社区服务活动。在一些规模较小的学校，受访者可以明确列出参与校园社区工作的人员及其工作内容。在一些规模较大的学校，情况则并非如此，而是多个办公室、中心和研究所都参与了社区工作。在缺少一个顶层组织机构进行协调的情况下，教师们进行了各种各样的实践。

规模、复杂性和凝聚力。如前文所述，在本研究涉及的大学中，学生人数少的只有不足 2500 人，而多的则超过 68000 人。在学生人数较少的学校里，还有可能对社区参与工作进行集中管理和组织，尽管这并不一定是最佳的模式，但至少这是有可能的。在学生人数较多的学校，各种不同的中心所承担的工作的复杂性、向谁汇报、预算来自何处、是否属于举措的一部分，等等——所有这些都不利于进行强大的集中控制。在这样的学校，中心（hubs）、咨询和协调小组等组织结构正在兴起。中心可以帮助学生在课程、课外活动和学生组织、社区服务项目、实习和其他机会中找到方向。在某些情况下，这些中心的功能是汇报和通知，而不是保障活动的审批和协调。一些学校在网页上列出所有与社区参与相关的办公室、研究所、中心、项目、课程和活动，以便网站访问者能够快速了解社区参与的程度。

支持中心和教师的所有权。如前文所述，并非所有大学都有强大的以学术为中心的服务学习项目。对有这些项目的院校而言，其主要挑战是为教师提供支持，其他重要挑战包括寻找、培养和发展伙伴关系以及学生管理、后勤管理等。在那些要求所有学生必须参与服务学习项目的院校，发展和维护合作伙伴的责任落到了教师身上。这种方式的好处是教师主导有关工作和合作关系，可以将学术兴趣和课堂内容与基于社区的学习进行结合。教师不仅可以联系自身的教学兴趣，也可以结合自身基于社区的学习兴趣（不管是基于社区的研究、宣传、社区组织或者是其他一些内容）。在有些学校，对教师的支持工作由学术事务部门负责；在另一些学校，对教师的支持工作则由学生事务部门负责，该部门还指导课外活动和其他服务活动；还有一些学校，对教师的支持源于教学中心（Centers for Teaching and Learning）或学术创新办公室（Academic Innovation Offices），在这种情况下，服务学习和社会创业更多地被视为另一种教学创新，而社区参与可能并不是院校的核心组织原则或使命。

术语和定义。如前文所述，不同大学在描述基于社区的工作时采用的术语和定义有相当大的不同。有些大学采用一个宽泛的术语，如"社会嵌入"（social embeddedness）来指代服务学习、社会创业、面向社区的研究、志愿服务、社区和经济发展及其他活动。而"创变者"这个术语，其语义包含学生与社区一起进行的所有活动。有些大学则采用"社会创新"这一术语代替"社会创业"，因为后者对许多教师来说意味着商业导向。这种做法是考虑到要更宽泛地去理解创新，从而能够囊括更多项目。在其他院校，服务学习被"基于社区的学习"这一术语代替，这一方面是因为一些校园社区成员对"服务并不意味着互利关系"的观点感到不适，另一方面是因为更多元的活动可以被纳入"基于社区的学习"

这一框架，比如志愿工作、研究项目、社区组织、宣传及其他活动。

中心或边缘。作为旨在建立校园支持的项目，服务学习和社会创业试图在大学的实践和专业发展中站稳脚跟。许多受访的大学的领导正处于过渡阶段。很清楚的是，上层管理者的支持对这方面的努力是很关键的。一些项目直接归教务长办公室或者副校长办公室管辖；其他的则在学生事务部门的多个办公室之间流转。在校园里任职多年的受访者可以很容易地说出社区参与工作在其职业生涯中的起起伏伏，当管理层或者资金变动时，这些项目一会儿占据了舞台中心，一会儿可能又丧失了地位。有一些大学的做法是将社区或创新的主题贯穿整个大学，以此将各种项目联系在一起。

学科和学院。在一些大学里，服务学习作为人文科学中的一个项目，被其他学院视为由社会学、政治科学、英语文学和其他相关学科承担的事务。在另一些大学里，社会创业教育起源于商学院，学生在商学院学习标准的商业课程和专门的社会创业课程。在采用这一模式的院校中，在创设学术项目或者发展社区合作伙伴时，社会创业教育与人文科学几乎没有互动。还有一些大学，在系、所之外开设独立的服务学习课程，以满足通识教育的要求。大学里几乎每个学院都有参与服务学习的机会，但它们之间并非通过一个集中的服务学习／社区合作办公室来进行协调。表 2.2 简单总结了 10 所大学中服务学习和社会创业教育的关键特征。

表2.2 10所大学服务学习和社会创业教育的关键特征

参与模式	组织框架	大学
● 社会创业中心向学生提供课外活动项目和机会 ● 社会创业与人文学科相互联系 ● 社会创业的冬季学期课程侧重于人文学科 ● 米德尔伯里学院社区参与部门（Middlebury Community Engagement）统筹全校各部门各系所（除环境研究专业外）与社区相联系的教学、学习和研究课程。这也包括"特权与贫困"（privilege and poverty）这一跨学科学术集群（academic cluster）中提供的课外活动和体验学习机会。环境研究专业有一位全职负责社区参与学习的协调员，也有服务、民主倡议、宣传和活动，以及社会公正领域的社区参与项目 ● 与社区联系的课程将学生服务、研究与项目和课程联系了起来 ● 服务学习（社会参与）和社会创业中心都位于教师领导的学生事务部	与社区联系的教学、学习和研究	米德尔伯里学院
● 服务学习和公民参与为更大的学习目标服务 ● 参与式学习和研究是服务学习和其他参与式学习机会的总称，为的是建立强大的服务学习项目和文化；社会创业源于学生兴趣而建立 ● 变革学习中心（Center for Transformative Learning）领导社会创业工作，该中心提供孵化器、重要的社区领导和联盟建设，以及其他领导能力。与社会创业相关的其他办公室/项目包括可持续全球企业中心（Center for Sustainable Global Enterprise） ● 学生领导的组织也同样支持社会创业 ● 1.5亿美元的捐赠用来支持建设参与型康奈尔（Engaged Cornell），推动社区参与式学习方面的工作，为全校范围内扩大社区参与式学习提供更多机会并作为关键的学习成果	参与式学习和研究	康奈尔大学

参与模式	组织框架	大学
● 教务长层面组织全校性的社会创新倡议（Social Innovation Initiative），包含学术和课外项目，由社区参与方面的特别小组进行组织 ● 分管研究和创新领域的副校长负责社会创新倡议中的社会创新课程 ● 不同形式的社区参与在社区参与特别小组的组织下，在全校开展 ● 服务学习项目位于教学和学习中心，由教务长办公室领导 ● 提供若干不同模式的服务学习，包括安置实习工作模式、展示模式、项目模式和产品模式。每学期有55—65 门课程，将服务学习作为一种教学法，在绝大部分学科中进行授课。如果教师将社会创业项目作为一种教学法融入其教学中，那就会被认为是服务学习 ● 马凯特大学是 FixesU 的所在地，FixesU 是《纽约时报》里关于有效社会创新的每周专栏	社区参与和社会责任	马凯特大学
● 社区服务学习是一项重要的大学使命。社区、意识与社会行动马尔瓦尼中心（Mulvaney Center for Community, Awareness and Social Action）管理着参与方面的课程与课外活动 ● 社会参与创新委员会（教师咨询委员会）位于马尔瓦尼中心之下 ● 创变者中心（Changemaker Hub）联合其他单位组织多种形式的社会参与 ● 中心向教务长汇报工作。教务长办公室更倾向于将社区参与视为一个学术部门和研究项目 ● 创变者校园，也是组织竞赛和挑战活动的部门之一	社区参与、发展和社会正义	圣地亚哥大学
● 以去中心化的方式组织服务学习、社会创业和公民工作等，多个办公室和中心与工作咨询和召集小组一起合作。在杜克参与项目中，多个办公室从事公民参与、服务学习项目的相关工作 ● 服务学习中心协调那些无本科生商业课程的学科中的服务学习工作 ● 富卡商学研究生院（Fuqua Graduate School of Business）中有社会创业方向，也设立了社会创业促进中心 ● 开设新的创新与创业本科证书项目	杜克参与（Duke Engage）	杜克大学

续　表

参与模式	组织框架	大学
● 设立创新与创业协调办公室；社会创业可以作为积极参与服务学习的学生的一个选择 ● 服务学习中心支持课程服务——利用多种社区参与的方式来学习 ● 正考虑建立大学社区参与委员会，为基于社区的工作带来更多元的参与力量 ● 将重点从短期的、临时的项目转移到那些有更大影响力的项目，这些项目起源于社区，然后在校园建立相应的参与策略 ● 50 名研究员将参与 2015—2016 学年为期一年的教师发展计划	社区参与，努力建构参与方面的话语	西华盛顿大学
● 商学院颁发社会创新证书给在校学生及社区成员 ● 学术创新办公室（Office of Academic Innovation）支持基于社区的学习项目；这包括对参与其中不同教学实践的教师的支持，如教学、评估、课程设计及其他 ● 为所有即将毕业的、以基于社区的学习为中心的学生提供社区参与方面的必修毕业设计项目（capstone project） ● 教师成员在社区里创建自己的项目，提供广泛、多元的合作或关系，以及项目支持 ● 为社会创业证书课程、小企业孵化、领导力训练及相关重大活动进行校内外和全球拓展 ● 创变者校园项目将校园里商业、可持续发展、非营利管理、工程和公共利益设计等研究领域进行了强大的联结 ● "参与和合作光谱"①为社区参与工作提供了组织框架	基于社区的学习	波特兰州立大学

---

① 波特兰州立大学参与和合作光谱（PSU Engagement and Partnership Spectrum）将有关工作分为五种关键路径：基于社区的教与学、课外学习的学生参与、学生就业与专业申请、国家和地方研究和服务、机构优先事项——商业和公民伙伴关系。具体可参考：https://www.pdx.edu/university-relations/partnership-spectrum。——译者注

参与模式	组织框架	大学
● 在卡特里娜飓风①后，公共服务中心（CPS）作为学校重建计划的一部分得以成立。公共服务被作为大学使命的一部分 ● 公共服务中心协调课程服务学习 ● 所有学生都被要求完成 2 门服务学习课程，以满足公共服务毕业要求（Public Service Graduation Requirement），其中 1 门在新生阶段开设，另 1 门则在二年级或更后面开设 ● 公共服务也会囊括研究、志愿服务、实习、顶石课程和其他活动 ● 学生可以在专业内部或者专业之外完成 CPS 毕业要求 ● 提供社会创新和社会创业辅修专业 ● 创变者校园活动由学生主导，包括加速器项目、研究所、研讨会、创新竞赛基金等 ● 社会创业从服务学习项目中演化而来 ● 有一些课程被贴上了社会创业和服务学习的标签	公共服务	杜兰大学
● 服务学习和社会创业都有学术课程，也有课外活动 ● 商学院本科阶段提供社会创业主修、辅修专业 ● 罗林斯将社会创业定义为：识别一个社会问题并用创业的原则去组织、创造和管理一个企业，从而做出改变和促进公共福祉 ● 领导力和社区参与中心（Center for Leadership and Community Engagement）管理着社区参与类课程（服务学习和基于社区的研究）、邦纳领导力项目（Bonner Leaders）、实习、民主计划（Democracy Project）及其他工作 ● 一些课程获得社区参与相关称号 ● 社会创业和可持续发展计划（SESi）负责组织社会问题解决方法的资源。举办研讨会，组织嘉宾系列演讲和其他项新的岗位。SESi 是一个校园范围内，与课程和课外机会相联系的倡议 ● 社会创业的课程赢得了社区参与方面的荣誉	社区参与	罗林斯学院

---

① 卡特里娜飓风（Hurricane Katrina）于 2005 年 8 月 25 日在美国佛罗里达州登陆。当时，位于路易斯安那州新奥尔良市的杜兰大学约 70% 的校区被淹没。——译者注

续　表

参与模式	组织框架	大学
● 亚利桑那州立大学社区连接（ASU Community Connect）是"社会嵌入"工作的门户，大学采用这一术语主要是想将 5 大领域（社区能力建构、教与学、经济发展、社会发展、研究与发现）的工作集合起来。《社会嵌入年度报告》总结了这些工作 ● 服务学习项目位于教师学院 ● 来自各系、所的学生都可以修读大学服务学习课程，以及同社区合作伙伴一起参加实习 ● 服务学习被视为是社会创业或其他更深度参与的一种路径 ● 社会创业项目特别重视课外活动 ● 提供研究生在线的社会创业证书项目 ● 创业和社会创业在全校的系、所中都有所拓展，包括创业与创新办公室、技术与创新学院、慈善与非营利创新北极星中心（Lodestar Center on Philanthropy & Nonprofit Innovation）等；项目包括学生奖项、创新基金和创业学院等 ● 诸多学生组织（600 多个）、服务学习课程，创业类课程（120 多门）以及多元的捐赠机会去开发新的方案，创变者校园中心（Changemaker Central）帮助学生找到参与的方式。该中心会把课内和课外的机会推荐给有需要的学生	社会嵌入	亚利桑那州立大学

五、大学里开展社区参与工作面临的挑战

在与受访者谈到与他人（大学里参与社区工作的人）一起工作的挑战时，一些问题出现了。校园社区（campus communities）的一些成员反感像"服务学习"这样的术语，他们认为"服务"一词破坏了社区伙伴关系的互惠性质。一些学校倾向于用"社会创新"来代替"社会创业"（因为后者似乎意味着解决问题的手段已经超出了商业方法的范畴），并反对那种认为创业"属于"商学学科的倾向。一些社会创业领域的实践者（Litzky, Godshalk and Walton-Bongers, 2010）将服务学习视为一种教学法，一种教授社会创业内容的方式。正如社会学、英语或生物

学中的服务学习课程，社会创业中的服务学习课程将涉及这种教学法的标准要素，包括反思（reflection）、与合作者的互惠关系（reciprocal relationships），以及刻意地与本课程的教学进行联系等。

另外也有人提出，由于缺乏社会创业领域的知识，也缺少与更大范围的社区的实践者的联系，服务学习领域的工作人员无法即时回应学生或者教师对社会创业的兴趣。在服务学习领域中，一些人对用商业方法解决社会问题持怀疑态度；同样地，在社会创业领域中，一些人或许会认为非营利组织可能存在管理不善的问题，或者认为政府的项目通常效率不高。这些观念差异阻碍了服务学习与社会创业在校内的合作。

在去中心化的办公室中，社区合作伙伴可能无法获得他们所需要的支持，也无法了解学校可能会提供什么样的支持。如果校领导最关心的事务并不是社区参与，对于该做些什么也没有更广泛的概念，那就不太可能有足够的驱动力来组织扩大社区参与的影响力的工作。最后，缺乏对社区需求和资产的了解，就可能导致大学与社区建立的伙伴关系缺乏长期影响力和可持续性。

在访谈中，受访者对其在校园中、跨校园的，以及社区中所从事的工作进行了反思。有一些学校曾组建了"中心"（hubs），将校园里不同的部门集中到一起，讨论参与工作及如何支持和加强这方面的工作。有一些学校曾组建特别小组和咨询团队来指导校园参与工作。不过，没有一所大学为了更好地控制和管理这方面的工作而建立行政管理系统，也没有措施能够保证一定会产生更好的结果和影响。然而，这些大学确实启动了更大范围的对话，探讨社区参与由什么构成、是如何被定义和实践的、每个办公室的操作原则是什么，以及如何评估和改善影响。

六、本研究的局限性

在美国，开展社区参与的大学如此之多，集中调查 10 个大学只能让我们有限地看到大学是如何为社区参与进行组织工作的。如果有机会参观每一所大学、更好地了解大学的组织，并评估我们可能称之为"参与文化"和社区影响的实践，对当时的研究肯定是更有帮助的。还应该指出的是，这 10 所大学具有一定的典型性，因为其中有不少大学当时正处于行政领导换届的过程中，新校长或教务长即将上任。在一些情况下，新任命的领导往往会更进一步地接受并扩大公民教育与社会创业方面的工作。

组织参与方面的工作并非一个小的挑战。在一些案例中，我们看到了强大而重要的服务学习项目，这些项目被要求增加社会创业的机会。在这一方面，学生团体和学生兴趣的优势不应该被低估。当面临着做"新"的事情的要求和呼吁时，大学需要在履行其使命的同时，决定是否以及如何应对这些要求。毫无疑问，校园中有多种有价值的组织参与模式在发挥作用，而有趣的是，制度特点、文化、规模和复杂性是如何在其中发挥作用的。复杂性对学生来说尤其具有挑战性，因为他们正朝着有目标的生活迈进。复杂性对社区成员而言也是具有挑战性的，尤其是对那些刚开始与大学合作的人员而言。社区组织如何理解大学、大学教师和学生在解决社区问题时所展现的技能、素质和变革理论？全国性组织，如校园契约组织、阿育王大学、卡内基教学促进基金会等，在定义和发展参与概况、明确参与原则和组织模式／主题的方式等方面能够发挥重要作用。尽管服务学习和社会创业具有一定的前景和潜力，但它们都面临着在校园内外建立强有力的制度基础的挑战。而这些问题将在下一章中展开。

CHAPTER 3

第三章

服务学习和社会创业所面临的挑战

☑ **摘要：** 尽管服务学习和社会创业的倡导者们会庆祝他们的工作成就，但社会上也存在不少批评的声音。一些人批评服务学习过于政治化，过于注重社会公正；而另一些人却批评服务学习不够政治化，忽视了以民主程序来教育学生；还有一些人声称服务学习没有批判性地审视权力的来源和不平等问题的根源。社会创业也受到了一些批评，如过度依赖从商业视角解决社会问题，忽视了其他学科对解决社会问题的重要作用；社会创业者可能低估了其他社会转型途径的价值。大学的每一种教学方法都可以从更好的社区伙伴关系的实践中，从对学生、教师、机构和社区的影响评估中，以及拓展参与的定义中受益。

☑ **关键词：** 公民教育；社会创业；社会企业；社会正义；服务学习

认同服务学习和社会创业教育的价值观与方法的教学方法——聚焦于社区，培养社区参与的技能、态度与性情，乐于将学术课程与那些可以通过社区体验教授的内容进行连接——在高等教育中寻找学科归属时面临多重挑战。阿育王大学的调研（Ashoka U, 2014b）指出了大学里社会创业制度化面临的几个障碍，包括缺乏校长支持、没有统一的愿景、资金不足等。服务学习也面临着类似的问题。服务学习和社会创业各自有一群坚定的支持者，但也都有其批评者。服务学习受到文科教师的支持，倡导一种社会正义的观点，但一些教师认为服务学习试图掩盖进步政治（progressive politics）理念。同样地，一些文科教师对社会创业项目持怀疑态度，因为这些项目似乎不恰当地用商业思维来解决社会问题。在一些大学里，以社区为中心的教学，无论是服务学习还是社会创业，都被认为不如传统的课堂教学严格。而在另一些大学里，学生非常注重社区参与，他们以志愿者、项目经理和社会创新者的身份深度参与社区机构，但这些参与是以一种课外活动的方式存在的，一般没有教师或学者参与，除非学生参与的是有指导的研究或与教师个人协商的独立研究项目。服务学习和社会创业都面临着上述挑战，只不过形式有些不同。此外，服务学习和社会创业还面临着作为教学方法和实践的批评。

一、服务学习面临的挑战

服务学习在一些学校也被描述为基于社区的学习，被美国大学与学院联合会认定为一种影响深远的实践活动，这意味着这种学习方法被研究证明"能提高学生的参与度和毅力"，并被证明"尤其对过去服务不足的学生群体有益"（Kuh and O'Donnell, 2013）。美国大学与学院联合会明确了服务学习的要素——现场学习、与课程的联系、社区利益、与各种社区伙伴的合作，这也是某些社会创业教育的特征。而将这些高影响力的实践的要素落实到位，绝不是一个简单的任务。

二、公民工作与民主参与

在服务学习的早期发展阶段，关于"公民目标和公民参与"的主题是关键。服务学习的目的不仅是将学生在社区中的服务与学术课程相联系，还要培养公民参与的技能和意向。然而，随着校园实践活动的发展和制度化，人们开始更多地关注志愿活动的不足，即很少涉及对民主价值观和公民实践的关注。服务学习因为缺乏公民参与而被诟病；学生参与服务和志愿活动，但这可能并不会带来公民参与。Saltmarsh（2005）描述了一段简短的服务学习或社区学习的历史，指出这些教学方法正成为教授学科背景知识而非公民技能的工具。即使是更广泛意义上的公民参与，也没有推动服务学习向公民学习靠拢一步。

公民参与的强大吸引力在于其广泛的感染力；在公民参与的领域，有一席之地留给社区发展、学生领导、学术领导、使命重塑、卓越教学、参与式学术、公民教育、通识教育（liberal education）的改革等。（Saltmarsh, 2005: 51）

实际上，广义的公民参与的定义淡化了公民工作（civic work）的意义，并导致人们减少对公民学习的关注。Saltmarsh（2005）明确了公民学习的三个维度：公民知识（从学术和社区中衍生的关于历史、政治和公民生活的知识）、公民技能（包括公共问题解决、公民想象力和集体行动）、公民价值观（正义、民主参与和包容）。虽然服务学习的课程和项目可能会展示出其中一些特征，但在大多数情况下，即使是那些被誉为典范的项目也缺少公民技能这一维度。Saltmarsh（2005）还提到，服务学习提供了公民学习的机会，但需要将注意力转到公民学习的结果上。他引用了《全国学生参与调研报告》的观点：

> 学生参与到一系列有效的实践中时，并不一定是在理解中学习的状态；我们知道，学生能够在理解中学习，但仍然不一定能获得与有效公民身份相关的知识、技能和性情。（"National Survey of Student Engagement", 2002: 3）

Battistoni（2014）认为，服务学习能够引导学生民主参与的假设已被证实是错误的。许多社区服务和服务学习项目有意无意地避开政治和民主参与。尽管值得赞赏的学习目标可能被推行，但即使在被视为典范的卡内基分类标准中，也没有明确指向民主技能的目标。服务学习项目之所以未能达到预期目标，是因为缺乏对公民目标的关注，没有投入足够的时间和资源来发展公民技能，也没有重视评估结果。不过，Battistoni（2014）认为，服务学习在更好、更深入的民主参与方面仍有独特的前景。他举了几个值得效仿的典型案例，这些案例体现了他认为的良好项目设计的关键要素，包括三类行动：（1）"在民主公民教育成果上取得共识，……并将课程和项目与这些标准联系起来"；（2）"鼓励已在高等教育中存在的可持续发展倡议"；（3）"对旨在推动学生参与民主政治的典型倡议及其实际结果进行研究"，既聚焦学生在校期间的表现，也关注他们在毕业后成为积极参与的公民。（2014: 59-63）套用他的分析，服务学习项目不应该是为学生将来某天成为公民做准备；我们需要在本科教育过程中有意识地把更宏伟的公民和公共目的融入服务学习和相关实践之中。美国大学与学院联合会在下面这份具有里程碑意义的报告中强调了社区参与在公民层面的重要性。

在《严峻的时刻：大学学习与美国的未来》报告中，作者提到：

> 社区服务并不一定要像民主参与一样跨越差异与他人共同解决公共问题。服务也不总是带来互惠伙伴关系，或引发对既定问题的系统性原因的分析。（AAC&U, 2012: 5）

作为一种教学方法，服务学习旨在与更大范围的公民参与课程相联系，但更多的是聚焦于非营利部门，聚焦于由志愿部门提供的支持服务，以弥补公共支持的不足，或对受资助或捐助的服务进行补充。学生们则经常把社区服务工作等同于参与政治和公民生活，或将其视为一个很好的替代选择（Long, 2002）。

三、关于服务、权力和特权的担忧

活跃在服务学习实践领域的部分人饱受"服务"这一概念的困扰，这个词体现了权力的不平衡：有意愿的人（处境优越的人）为有需要的人（处于较低权力地位的人）提供服务，并为他们提供有权势的人想要给予的东西（Cuban and Anderson, 2007）。举个例子，梅塔（Mehta）发现服务与支持和促进社区发展的其他形式之间存在明确区别。

> 当我们把帮助别人的行为称为"服务"时，我感到很困扰。我不服务任何人，也不期望任何人服务我。相反，我试图建立公平的关系，与合作伙伴并肩工作、开发技术、成立社会企业。（Mehta, n.d.）

在某些情况下，服务学习课程的典型学生被假定为 18 岁、白种人、享有特权，以及需要在有人指导的情况下与弱势群体进行谨慎的接触的人。这一假设与以下事实相悖：进入高等教育机构的大多数学生都不再是 18 岁或 20 岁出头的年龄，他们工作、通勤，并且很可能来自不同的社区，而这些社区本身也是社区服务项目开展的地方。当服务学习课程的学生的背景与想象中的典型背景不相同时，课堂上就会出现矛盾和问题。Mitchell 和 Donahue（2009）在其研究中关注到了这一点，并试图去理解这些观点。享有特权的白人学生可能会意识到自己服务的社区充满了问题和财务赤字。他们参与的时间可能不会超过 1 个短学期，他们可能对这些社区的生活和生活在那里的人的性格有不少刻板印象，他们可能会把有色人种的同学视为这些社区的诠释者或解释者。有色人种的学生则或许会感觉自身在对白色人种的学生进行有关特权和机会的教育。正如 Mitchell 和 Donahue（2009）所建议的，对服务学习课程的学生的多样性进行现实评估，有助于该领域重新构建其教学方法在教与学方面的目标。

Davis（2006）对"服务是善的，是双赢的，因为穷人得到了帮助，而那些有时间和金钱的人满足了自己做慈善的愿望"这一理念表示怀疑，因为"服务是善的"这个前提没有认识到服务背景下更深层次的结构性问题。关于服务的若干问题应该被提出来：它是什么？我们为什么要服务？我们宣称我们在干什么？在我们的构想中，服务是如何达到我们的目的的？ Davis（2006）建议，如果我们不愿意探讨不公平的话，就不要去谈论服务，因为正是"不公平"的存在，才有了"服务"的背景和理由。

如果不去质疑"服务是绝对善的"这一前提，我们就会把注意力从"更公正地生活，对我们身边的人做正确的事"（Davis, 2006: 7）的愿望上转移开。

四、背离社会公正的倾向

让学生参与服务学习也可能会让他们远离更深入的游说工作（Korgen, White and White, 2011; Korgen and White, 2011）。那些短期的、不涉及互惠关系的或缺乏深思熟虑的设计项目可能会缺乏社会公正。Daigre（2000）赞成批判性服务学习，批判性服务学习能激发学生的学习能力和领导能力，让学生认识社会现实和他们在世界中的位置。他认为，"批判性服务学习教学法为学校和社区中的人创造机会去读懂世界并采取行动，从而加强他们的公共责任感和道德责任意识，培养他们改变社会的自信心"（Daigre, 2000: 12）。

Mitchell（2008）也倡导批判性服务学习，批判性服务学习以社会变革为出发点，致力于重新分配权力和建立可靠的人际关系。批判性服务学习除了帮助学生提出和研究关于不平等与特权体制的重要问题外，也应该让学生意识到他们是社会变革的积极推动者（active agents）。在与社区合作伙伴的关系中，学生、教师和社区成员面临着建立复杂的互动方式的挑战。每一个人都在特定的背景和环境中承担着多种且有时候相互冲突的角色。尽管在服务学习中侧重社会正义导向有一定的挑战性，但"这种方式的前景，以及这种教学法的伦理职责，要求侧重社会正义导向必须成为服务学习项目今后的发展方向"（Mitchell, 2008: 62）。

那些聚焦于服务的项目或许能够提高学生的学习能力，但它们往往不能够推动社区转型或促进社会正义。Lewis（2004）研究了传统的服务学习教学法和以社会正义为导向的教学法之间的显著差异，发现那些以社会正义为导向的项目对师资和机构的要求更高。前者（传统教学法）与代理机构一起工作，后者与社区共事。前者将社区视为校园工作的对象，后者将社区作为合作者。前者将社会问题视为需要改革的领域，后者则提倡对现有秩序进行更广泛的变革。此外，前者倾向于"学生学习+服务"，后者则支持"社区赋能+学生学习"。用 Kretzman 和 McKnight（1993）的话来说，服务学习领域的部分学者将大学与社区的关系视作"治疗关系"。然而，另一部分学者则提出了一个基于资产的方式（an assets-based approach）①，即由社区来界定问题并为自身的发展建设能力共同体（a shared capacity）。Lewis（2004）针对落实社会公正导向的复杂性提出了重要观点，他认为在落实的过程中会面临以下挑战：低估社区建设的困难程度、在对社区和权力动态缺乏足够了解的情况下开展行动、理解各机构在变化理论（theories of change）上的角色差异，以及理解居民、社区机构、大学之间的复杂关系。Lewis（2004）认为采用社会公正导向有其价值，并最有可能与教授服务学习的教师的社会变革价值观相一致。"尽管社会正义倡导者认为慈善模式倾向于维持现状，但有慈善服务学习总比没有服务学习更好"（Lewis, 2004: 107），因为学生在参与慈善服务学习的过程中会逐渐理解社会问题产生的根源，然后参与到那些帮助他们认识到不平等的社区和机构中，这样可能会促使他们在以后的生活中致力于社会变革。

当社区合作者（及同事）不认同我们关于赋权或社会公正的想法时，在校外开展社会创业和服务学习会面临一些挑战（Lewis, 2004）。Kahne、Westheimer 和 Rogers（2000）认为，

> 绝大多数的服务学习项目强调志愿主义和慈善，但不教授什么是社会运动，不教授如何分析社会和经济结构、体制变革。因此，大量的研究集中到了"公民"的概念上，即个人的同情和善良行为优先于社会行动和对社会正义的追求。（转引自 Jacoby, 2009: 102）

---

① 该方法在纽约大学等部分高校得到采用，旨在帮助所有教师——无论其种族、民族或其他背景如何——学会进行符合文化习俗并尊重学生及其社区的实践。该方法将思想、文化和特质的多样性视为积极的资产。教师和学生的价值在于他们给课堂带来了什么，而不是他们需要做什么或缺乏什么。——译者注

服务学习领域的其他学者并不认为慈善与社会公正之间的分歧存在争议；他们也不认为服务学习和社会正义存在于一个连续体中，即服务学习使后者（社会正义）成为更激进的、以变革为导向的观点。Morton（1995）提出了三种迥异的服务范式，三者采用不同的世界观，以互相竞争的方式来命名和解决问题，并对个人和社会转变持不同看法。完整和深入地去实施每一种范式（慈善、项目和社会变革）都会产生显著效果。Morton（1995）采用民族志的话语，区分出厚重型（thick type）服务与单薄型（thin type）服务。厚重型服务依赖于随着时间推进而培养和建立起来的关系，它对自身与社区合作伙伴一起创造的影响有着合理的期待。那些参与到服务中的人能够意识到其工作所带来的影响，并且这种意识较为敏感。在厚重型服务中，互惠和相互尊重是关键。单薄型服务缺乏对（问题产生的）根源的关心，对建立关系只进行最低程度的投入。无论学生参与的是慈善、项目工作还是社会变革工作，最重要的是工作时为人正直。正如 Morton（1995）所建议的，我们需要扩展"服务是什么"的定义，"除非我们能充分描述现有服务的范围，否则学生们将继续使用狭隘的'服务'的定义，该定义已经分化成两个：有限的服务领域（a limited domain of service）和扩展的非服务领域（an expanded domain of non-service）"（Morton, 1995: 29）。

五、服务 vs 解决问题

专注于慈善的方式可能会削弱问题的解决。Dees（2012）比较了两种互相竞争并使社会创业更有活力的文化，他将这两种文化称为"慈善"和"解决问题"。迪斯（Dees）认为，这两种文化都有助于推动更全面、更平衡的社会变革。他也着重分析了服务学习中的若干重要议题。迪斯认为，以下四种重要的张力（tension）将慈善与解决问题区分了开来。

（1）自发给予与更理性的需求评估之间的张力。慈善引导人们对所看到的苦难产生由情感驱动的同情反应，从而释放资源以解决问题。慈善是发自内心的，出于良好意图和崇高目的的；它没有过多地考虑自身是否有效或者想要帮扶的对象是不是最佳捐赠对象。与此相反的是一种更为理性和深思熟虑的需求评估，会去考虑行善所产生的影响和效果。这表明，行善所产生的结果具有道德意义，与善意本身一样重要且必要。迪斯引用约翰·杜威的一句话来强调该观点："为让他人好而努力，却由于缺乏深思熟虑，而完全不清楚什么是真的对他们好，结果就是造成极大伤害。"（Dees, 2012: 324）

（2）付出与投资之间的张力。慈善是基于付出的理念；旨在满足人们需求的组织应尽量减少经常性开支；员工应领取最低工资并在艰苦的条件下长时间工作，以此作为做好事的代价。迪斯认为，解决社会问题是一项复杂的工作，比在营利性企业工作需要更多的技能。期待那些依靠慈善和志愿者（付出）的组织能够产生优秀的人才和持久的效果，是对实现社会变革所需人才（投资）的损害和不尊重。

（3）缓解痛苦、承受痛苦与解决问题之间的张力。正如迪斯所指出的，慈善能够带来一种极大的满足，出于同情而即刻帮助人们减轻痛苦能为人们带来满足感。而"解决问题"则寻求长期方案，提供延迟回应。投资疾病预防类项目通常是一种更好的捐赠形式，但不会像慈善行为一样给人们带来即时的满足感。人们出于同情或同理心而采取的问题应对措施还可能使捐款和志愿者流向距离大众最近、最为大众所熟知和欢迎的地点和慈善项目，从而将捐款从更为人们所需要、采用的方法更有效的慈善项目上转移出去。Singer（2015）在"有效利他主义"（effective altruism）方面的研究也提出了同样的论点，即我们的资源应该投向最能带来利益的地方，而不仅仅是我们附近或因个人经历而感到亲切的地方。

（4）关心他人与赋予他人权力之间的张力。有些慈善模式剥夺了那些需要帮助的人的权力，让他们依赖于施舍者。慈善捐助和志愿服务的经验可以让儿童和其他人对自己所处的社会地位心存感激，而不是促使他们去解决存在于弱势群体与特权群体之间的不平等问题。解决问题时，应该着眼于减少需求、组织资源，并采用可以减少被帮助者产生依赖心理的措施。迪斯认为，解决问题的模式（相比于慈善模式）要求捐赠者更多地了解资源的影响。

六、社会变革 vs 一个领域的发展

服务学习被批评为"经验教育、行动研究、批判理论和进步教育的混合体"（Butin, 2006: 490），但它同时也是促进大学生研究、多元文化教育和社会正义目标实现的工具。一些批评人士提出，该领域可能过于专注于学术界的转型和世界的改变，而忽略了高等教育和学术界的关键工具——知识生产。布廷（Butin）提出，服务学习的制度化之路必须包括创建一门研究和实践的学科的过程。他提议创建"社区研究"领域，并逐渐不再将社区作为一个政治学项目进行关注。

> 这暗示我们，在高等教育中能做的为数不多的事情之一，不是去拯救世界或去做别人的工作，而是成为分析当代文化中关键且有争议的问题的场所。作为参与式教学法，服务学习在这方面做得很好。（Butin, 2010: 153）

在该领域本应提升学术严谨性和学科实力的时候，偏离社会正义这个方向可能会导致学生、教师和行政支持的流失。

Jacoby（2015）研究了服务学习在经过近三十年的实践之后所面临的挑战，并提出了若干关键问题，其中包括服务学习是否应该在高等教育中制度化、社会正义是否应该成为其工作的框架、该领域是否应该变

得更具政治色彩并以公民教育为导向，以及是否应该扩大服务学习的覆盖面。她认为，服务学习必须对该领域的基本原则和实践进行持续和批判性的重新审视。未能对服务学习的目标、主张及工作进行批判性的反思则有违该领域的核心理念。

七、对社会创业的批评

（一）定　义

需要注意的是，社会创业是一个在实践方面非常活跃的领域，并且在学术圈之外快速发展。而服务学习作为一种参与社区事务和培养更好公民的方式，则是在高等教育中发展起来的。随着社会创业领域的发展，人们对这个领域的看法产生了很大的不同。在一篇颇具影响力的论文中，Dees 和 Anderson（2006）明确区分了这一领域的两大流派，即社会企业学派和社会创新学派。前者聚焦于通过创收来支持社会使命；后者侧重开发新方法来满足社会需求。正如下文讨论的那样，这些区别为该领域在社区和大学校园中的发展提供了不同的路径。

（二）社会企业 vs 社会创新

社会创业根植于"现实世界"，这反映出它是一种积极地进行开发和改进的实践。有些人将社会创业界定为在商业模式中增加了一个社会目的的一种双重底线或三重底线模式。Boschee（2006）将社会创业界定为"同时追求经济回报和社会回报的艺术"。这与 Dees 和 Anderson（2006）对社会企业流派的特征描述是一致的。非营利组织渴望多样化的资金来源，这激发了它们对与其社会使命相关的创收活动的兴趣。由此，几种不同的模式应运而生，如社会财富风险投资公司（Community Wealth Ventures），它提出，非营利组织和混合组织不仅可以通过创建企业来雇佣弱势群体，还可以成为社区创造财富的工具（Community Wealth Ventures, 2010）。商业和社会部门可以拥有共同目标，这一理念使该学派的领导者备受鼓舞。我们不认为非营利组织和商业组织本应在不同的组织范围中运作，而是认为模糊部门之间的界线具有积极的社会影响。史蒂文·凯斯（Steven Case）在 2006 年《华尔街日报》的一篇文章中就提出了一个混合组织模式。

> 一个更好的方式是将这些使命与"不只为营利"的企业和拥有自己收入的社会服务团体结合起来，共同为积极、持久、重大的社会变革做出贡献。（转引自 Dees and Anderson, 2006: 44）

与社会企业流派不同，社会创新流派将广泛的社会转型视为自身的目标。"社会创业者是改革或彻底变革社会价值的生产模式、将资源转移到高社会收益领域的一群人"（Dees and Anderson, 2006: 44），从这个意义上来说，社会创业不仅仅是将收入用于支持社会使命，它还是运用一系列战略和组织形式来创造影响力的创新方式。阿育王对社会创业的定义在社会创新流派中具有代表性：

> 社会创业者是对最紧迫的社会问题有创新解决方案的个人。他们雄心勃勃、坚持不懈，解决重大社会问题，为大规模变革提供新思路。（Ashoka, n.d.）

该宽泛的定义包含了各种社会行动，这些行动可能不会改变一个组织的底线，但确实指向重大的社会变革。三十五年来，阿育王益创者（Ashoka's Fellows）在全球舞台上崭露头角，他们之中不乏改变民事制度、制订小企业融资替代性方案、改革心理保健等变革体系的项目的领导者。在后续的迭代发展中，阿育王将重点从认可和支持个体社会创业者转移到倡导"每个人都是变革者"。

为了在社会企业和社会创新两个流派之间建造一座桥梁，Dees 和 Anderson（2006）提出一个方法。在他们的构想中，重点应放在社会影响上，并将慈善和商业视角结合起来。对于大学和研究人员来说，最有趣和最有益的方向是填补商业研究和非营利／慈善研究之间的空白。这些领域的融合为学生带来了新的机遇和挑战，高等教育应该在更大的组织环境中与这些变化保持一致。

（三）情境 vs 扩大规模

社会创业中的一个关键前提是"应将行之有效的理念带给更多人"。一些人认为，扩大规模——将基于情境的小型创新带给更多人，从而产生大规模的变化——就必须建立伙伴关系，并投入稀缺资源，但这可能会使合作联盟感到不适。

> 他们需要精明地去选择盟友。与拥有雄厚的财力、名望和社会重要性的大企业进行合作的诱惑是强大的，尤其是当你拥有远大的抱负时。人们会很自然地认为，解决贫困或教育不公平问题的真正办法是一揽子大方案，尤其是当这些方案获得了数百万美元的公共和慈善基金时。但规模大（bigness）的本质是权力的集中，而社会企业的利益相关者可能会在决策过程中迷失方向。（Rheannon, 2013: 3）

Rheannon（2013）还指出，一些创新方式——如"为美国而教"（Teach for America）和许多特许学校——并不总能兑现其承诺。正如基奥恩（Keohane）所说：

> 我们现在已经有了"为美国而教"20年来的数据和分析结果，可惜它显然并未成为一剂良方（silver bullet）。我们仍然存在成绩

差距问题和教育问题……初衷是好的，但在预估这些教育和社会创业方面的新方法的有效性时，可能有些狂妄自大了。（转引自 Rheannon, 2013: 2）

在社会创业体系中，创新天然地具有值得褒扬的性质（celebratory nature）[①]，因此很难对创新实践进行批判性的评论。我的大多数学生都听说过汤姆斯布鞋公司，其中不少人还购买过其产品，或者购买过带有 RED 标签的产品。参与 RED 运动的公司以"为了更好的世界而购物"为前提提供产品，其售卖物品所得的部分收入会被捐赠出去，用于艾滋病的相关研究和治疗。汤姆斯布鞋公司号称消费者每购买一双鞋子，他们就会捐赠一双鞋子给有需要的孩子。迄今为止，汤姆斯布鞋公司已经在 40 多个国家捐赠了 200 万双鞋子。"为了更好的世界而购物"这个前提是具有吸引力的——消费者购买产品的同时可以行善。不过，问题也随之而来：捐赠的鞋子不一定适合当地的环境——适合在商场里穿的鞋子在欠发达地区不一定耐穿。另外，这些鞋子大部分是在中国制造的，可能会挤占经济欠发达国家本土制鞋产业和销售行业的生产空间。大规模的捐赠会使人们产生依赖性心理，而非让他们更加自立（Bansal, 2012）。批评者还指责 RED 标签项目缺乏透明度：消费者购买后，有多少钱最终能到捐赠对象的手中，又有多少钱用于广告和自我推销？随着社会创业的发展，对实践中哪些举措和模式值得被提倡的认真反思开始在一些关于有前景的模式和实践措施的文献中得到讨论。或许，这也是对行善商业的光环效应的一种反击。对这些项目越来越多的关注意味着我们需要批判性地看待国际援助及其对发展中国家的影响。

[①] 作者在其观察中发现，很多关于社会创业者的著作缺乏一定的批判性，过于积极地肯定相关的实践，没有真正理解和欣赏做好事和解决问题的复杂本质（complicated nature），没有考虑到社会变革的艰难过程。作者希望社会创业者不仅要善于创新，而且能从全局出发，确保新的想法适合当地的环境和文化，并能由社区自身持续推行下去。——译者注

有一些对发展的批评实际上不是发展本身的问题，而是社会创业项目设计的问题。游戏水泵——一种将清洁水泵和旋转木马结合起来的创新抽水装置，受到了媒体的广泛关注，并迅速得到了凯斯基金会、克林顿全球倡议组织和美国政府的投资，所获得的资金被用于扩大该项目的规模。由于没有将维护水泵的基础设施和系统纳入项目设计，该项目最终失败了，这是个值得引以为戒的故事。很多水泵没有被安装在有小孩子乘坐旋转木马的地方，而是被安装在了远离学校的地方。此外，在没有对水源进行适当测试的情况下就开凿水井。换句话说，游戏水泵本被视为解决贫困村饮用水问题的灵丹妙药，结果却被推广到了不能发挥其作用的地方。事实上，在一些村庄，水泵反而使贫困社区获得清洁的饮用水的难度增加了。迈克·霍布斯（Michael Hobbes）[①] 本人曾参与国际发展相关的工作，从中得到的经验是：几乎没有解决方案是可以被百分之百照抄的，在开展社会变革工作时，必须考虑当地的环境、政治和文化因素。"关键是，我们不知道什么在起作用、在哪里起作用，以及为什么能起作用，找到答案的唯一方法就是测试这些模型——不仅要在最初它们成功之前，而且在之后也要进行，并不断地去测试。"（Hobbes, 2014: 6）

（四）修理 vs 社会问题工作

叶夫根尼·莫罗佐夫（Evegny Morozov）在其2013年出版的著作中提出了与霍布斯类似的观点，来反对所谓的"解决主义"（solutionism）——即使是那些具有社会、经济和政治根源的问题，也可以通过"干净利落的技术方案"解决。莫罗佐夫的观点是，这种思想病

---

① 针对该项目，霍布斯发表了评论性文章《停止拯救世界：伟大想法正在破坏国际发展》，网址：https://newrepublic.com/article/120178/problem-international-development-and-plan-fix-it。——译者注

态（intellectual pathology），即渴望通过简洁、清晰的方法解决复杂的问题，是各领域的社会创业者的通病。他总结道："在这个修复方法如此繁多、夺目的时代，学会欣赏我们的制度和我们自身具有的诸多不完美之处，是我们今天面临的最艰巨的任务之一。"（Morozov, 2013: SR1）

（五）社会变革 vs 公民进程

在某些社会创业的实践中，有一种倾向是将国家、工会、公职人员和其他现有的非营利组织描绘成敌人。对某些人来说，这听起来像是在主张建立一个规模更小的政府——一个提供私有化服务、教育券、削减核心"福利"的国家。Goldsmith 和 Burke（2011）研究了为什么前景广阔的创新项目（比如在有才华的领导者和充满活力的市长支持下进行的学校改革）却往往以失败告终。他们认为这些失败往往是公民进程缺失的结果。Goldsmith 和 Burke（2011）坚信公共领域会实现创新。他们主张建立能让公众参与决策和解决问题的机构。加速变革（accelerated change）需要"更灵活、更有创造力、行动迅速、权力下放"（Goldsmith and Burke, 2011: 14）的问题解决系统。

为了弄清楚哪些因素会影响公共领域的创新是否成功，Goldsmith 和 Burke（2011）访谈了超过 100 位社会创业者、政策制定者和具有创新意识的政府官员。他们发现，创新不能只依靠强大的领导者，也不能仅依靠一个出色的想法。承担风险并分享回报、通过嵌入选择机会和公民呼声（citizen voice）来创造社区参与的机会、建立健全并充分利用公共战略合作伙伴关系等做法都有助于实现创新。"虽然行政领导力在一定程度上是至关重要和强大的，但在民主社会，在使创新和改革所带来的政治利益超过其所付出的成本方面，没有其他力量可以与公众的积极参与相媲美。"（Goldsmith and Burke, 2011: 18）对社会创业日益增长的兴趣吸引了人们从事能够解决社会问题的相关职业，他们认为自己所选的职业能够最大程度地发挥他们的技能。

在《纽约时报》上发表的一篇专栏中，Girihadas（2011）指出，对于全球精英来说，社会创业领域的职业已经取代了投资银行和金融职业。社会创业提供了一条"新的职业道路……在这条道路上，认真解决问题的精英们将商业精神和方法用于社会事业中"。Girihadas（2011）进一步指出，"社会创业者相信问题的解决可以造福所有人。在他们的理想世界中，赚钱的人可以赚钱，穷人可以摆脱贫困，精英可以找到生活的意义，各项工作还可以绕开政府"。关于社会创业，他最关心的就是变革理论以及围绕政治开展的相关工作。他建议社会创业者在制度的边缘开展工作，比如创办特许学校或者为村庄提供清洁水源，而不是把精力花在推动政府为公民提供更好的生活上。

（六）社会创业 vs 变革的其他工具

Light（2011）针对社会创业的宏大主张所引起的一些担忧进行了有理有据的回应。作为一位长期从事公共政策和组织变革研究的学者，莱特（Light）认为，一些社会创业的拥护者将社会创业视为社会变革的典范，但其他方法对于创造可持续的社会转型和社会突破同样至关重要。除了社会创业——他将其描述为"通过打破常规的变革来解决棘手的社会问题的努力"（Light, 2008）——他还主张应认识到社会安全守护者、社会探索者和社会倡导者的重要性：第一个维护社会安全网，第二个研究社会问题并引起公众关注，第三个在公共领域推进政策工作和宣传。他认为，仅仅依靠这四种工具①中的一种是无法取得重大社会突破的，正如他所写的那样，"煽动要追随功能"（agitation follows the function）（Light, 2011: 62），也就是说，社会变革所使用的工具应与要解决的问题

---

① 指社会创业者、社会安全守护者、社会探索者、社会倡导者。——译者注

相一致。并不是每个社会问题都需要用社会创业的方法解决。其他人也提出了更广泛的社会变革方法。

健康伙伴组织（Partners in Health）的创始人保罗·法默（Paul Farmer）提出了缓解社会问题的三种范式。第一种是权利范式，其前提是除了公民权利和政治权利外，人类还应享有获得健康、食物、水、教育，以及维持生计的权利。他认为，这些是国家赋予的权利，市场和非营利组织不能也不会将它们赋予人们。尽管社会创业者可以推动这些权利所涉议程，但政府始终是将它们落实到位的一方。第二种是公共健康范式，他认为医疗保健的改善可以减轻人类的巨大痛苦，法默称之为"公共健康的公益事业"。相比于权利范式，这种范式追求的目标更为适度。某些问题，如肺结核，可以基于这样的理念加以解决，即所有需要有效治疗的人都能得到有效治疗，但市场对此绝无保障。最后一种，法默称其为发展范式，这是一种在发展中国家先行的创新实践，但缺乏计划将相关实践持续下去。法默认为不应该指望本就面临严峻挑战的人转变为商品和服务的购买者，这意义不大。"社会创业者需要以尊重的方式帮助他们（地方官员），同时不损害公共部门的利益。"（Farmer, 2009: 26）法默指出，社会创业者需要加入基础广泛的社会正义运动以帮助地球上最贫穷的人。"我们需要用希望去抵制那些削弱甚至摧毁公共部门机构的政策，这些政策从来没有兑现让所有人受益的承诺。"（Farmer, 2009: 27）

在《修复世界》（*To Repair the world*, 2013）一书中，法默对像他自己一样的社会创业者提出告诫：在向地球上最贫穷的人提供服务和医疗保健时，不要受到市场意识形态的影响。他认为，社会创业领域忽视了权利层面，如果不与公共部门合作，非政府组织和社会创业倡导者的努力就会失败，因为"只有政府才能赋予权利"（Farmer, 2013: 40），让人们享有医疗、教育、清洁的水、食物和住所等维持生计所必需的东西。

八、对社会创业教育的批评

对社会创业领域的关切，可以延伸到社会创业教育。现存的教育项目可能被批评为过于狭隘，没有让学生足够深入地了解他们可能从事的工作的社会环境和背景。阿育王大学在对社会创业教育所使用的课程大纲和教学材料的分析中，提出了几个需要改进或进一步发展的领域（Ashoka U, 2014a），包括对定义、课程的重点、材料的广度、课程提供的顺序、社会创业教育教学法、与实际工作的联系以及课程严谨性的关注等。分析者发现，一些教学大纲对社会创业的定义是混乱的。社会变革、慈善事业（charity）、企业社会责任、可持续性和慈善行为（philanthropy）与社会创业并不相同。在其他情况下，社会创业被作为一门学科来教授，而不是作为一种积极的实践。社会创业教育与现实情境的联系往往过于简单化。在某些情况下，它们更多地具有服务项目的特点，而不是"剖析根本原因，然后探究解决问题的方法"。在一些项目中，一门社会创业课程就能涵盖学生可能需要知道的所有材料。然而，如果没有经过精心策划和设计，学生就不太可能从适合其发展的学习策略中受益。

（一）过于狭隘，过于肤浅

迪斯教授观察到，商业模式表明，改变会以线性的方式发生。如果计划得到执行，那么预期的变革就会发生。在与 Worsham（2012）的对话中，迪斯教授认为商学院可能并非教授社会创业的最佳场所，他指出，典型的商学院课程缺乏对情商和同理心的重视。商业技能可以为思考典型的商业问题提供严谨性，但社会变革所面临的挑战"更为复杂。它更像是一场具有复杂环境因素的多方博弈，如动态的政治和经济条件……在复杂的不确定性下采取行动"（Worsham, 2012: 446）。所以，单一的商业模式可能无法应对某个社会问题的挑战。换句话说，需要采用跨学科的方式来教授学生社会创业，并帮助他们理解社会问题、社会情境和问题解决的复杂性。由于社会创业是作为一个实践领域而存在的，所以研究实践者如何看待社会创业的教学极为重要。

在一项关于实践者如何看待社会创业能力的重要研究中，Miller、Wesley 和 Williams（2001）采访了 150 名社会创业组织的领导者，以评估他们对研究文献中确定的社会创业者所需能力的看法。这 150 名社会创业领域的实践者认为，最重要的五种能力分别是解决问题的能力、建立高效团队的能力、管理财务资金的能力、领导和培养他人的能力，以及与客户和其他利益相关者沟通的能力。最不重要的能力是行政工作的管理能力、同情心或同理心、识别社会问题的能力、获得志愿者支持的能力，以及重视社会影响而非财务结果。为了将这些观点与教育工作者的观点进行比较，研究者分析了 77 份通过搜索社会企业、社会创业精神、社会创业和社会使命等关键词匹配得到的课程教学大纲。71% 的教学大纲来自研究生课程，84% 的大纲是在商学院中使用的。研究者发现，制定战略规划的技能、管理财务资金的技能和衡量结果的技能是实践者最常提到的必备技能。此外，还有创新和创造能力。最少提及的是成功完成高难度任务的信心、解决冲突的技能、社交技能、获得志愿者支持的能力和完成行政工作的能力。同情心和同理心、实现集体目标的能力、建立社区支持的能力和帮助有需要的人的决心都排在最后——在 35 个能力选项中排在第 24 位到第 30 位不等。研究者还指出了一些在社会创业教育中被遗漏或是需要进一步发展的能力。"实践者对道德责任感 / 伦理的评价尤其高。但令人惊讶的是，这并不是社会创业课程中经常出现的主题。"（Miller, Wesley and Williams, 2011: 364-365）类似地，实践者并没有将理解他人的能力、发现社会问题的能力排得很靠前，但这些素质在教学大纲中却频繁出现。Miller、Wesley 和 Williams（2001）认为，理解社会问题对于发展社会创业能力是至关重要的。"一些课程鼓励学生参与到社区中，以更好地识别社会需求，更好地培养这种理解社会问题的能力，以及通过研究更深入地了解社会需求。"（Miller, Wesley and Williams, 2011: 366）但并非所有人都是这样认为的。正如研究者指出的，社会创业的核心能力仍处于早期发展阶段。有些学校只用一门课教授社会创业，这是不够的，多门课程更有可能达到预期目的，即培养能够在复杂环境中与多个利益相关方合作解决困难问题的学生。这使得社会创业教学变得尤为复杂。

Zietsma 和 Tuck（2012）对有关社会创业教学的专著进行了回顾，发现许多教学资源都提供了关于这个新兴领域的描述性材料以及案例研究。许多资料都是开源的，可以通过相关网站获得，这为学生和老师提供了宝贵的资料。

> 很少有一个学术领域像社会创业那样以社区为导向，同时又具有丰富的资源……而且，因为社会创业经常被"想要回馈社会"的成功企业家和商人、希望通过民营方式破解公共难题的政府，以及在全球各地都面临困难融资环境的非政府组织（NGOs）视为灵丹妙药，所以大量的时间、人才和金钱都被投入促进社会创业之中。（Zietsma and Tuck, 2012: 512）

Zietsma 和 Tuck（2012）还指出了一些问题，包括材料中体现出普遍褒扬的性质[①]——对实践不加批判地关注，过分重视个体创业者的角色等。要更加全面地理解社会变革，需要动员一系列行动者，或许需要发起一场社会运动，也许是与政府协作，而非避开政府。这些都是政治学的重要经验，而非商学的。

---

① 可见第三章第 7 节有关 celebratory nature 的注释。——译者注

在计划开展旨在从根本上改变社会结构的社会创业项目时，人类学家和社会学家的技能与商业战略家的技能一样重要。（Zietsma and Tuck, 2012: 515）

社会创业的某些经验可能不利于地方发展和赋权。正如其他人所指出的那样，良好的意愿即使执行得很好，也不一定会带来更好的社区或更可持续的改变。社区经常被描绘成社会创新的被动容器，而忽视了文化和环境等重要问题（Dey, 2006）。

尽管把成功的企业家带到校园去吸引学生是一件让人感觉良好的事情，但也有人对把学生培养成社会变革的推动者表示担忧。一些社会创业的教育模式侧重于培养商业技能，忽略了与文化、社会背景和社区参与相关的技能。美国全国创业教育联盟（National Consortium of Entrepreneurship Education）于 2004 年开发的技能标准包括财务素养、专业发展、经济、沟通和商业技能等（Noruzi, Westover and Rahimi, 2010）。Pache 和 Chowdhury（2012）认为，不同于传统的实践者，社会创业者必须学会在多种制度场景中生存，并且认识到这些制度场景经常是相互冲突的或有着相反的目的。Pache 和 Chowdhury（2012）将制度场景描述为制度逻辑，包括社会福利的、商业的和公共部门的逻辑。"社会创业教育缺少的是一个清晰的，能够让学生理解并觉得社会创业所处的世界有意义的理论框架。"（Pache and Chowdhury, 2012: 495）学生不仅应该被教授"关于社会创业"，也应该被教授"为了社会创业"。[①]Pache 和 Chowdhury（2012）建议，除了传统的正式指导之外，社会创业教育还需要来自实践领域的嘉宾演讲、实地考察和实践体验，

---

① 在创业教育和社会创业教育的分类中，常常有 about、for 和 in/through 的区分，可以参考：倪好. 美国高校社会创业教育——基于创业教育三分法的视角. 中国社会科学出版社，2020；Jamieson, I. Schools and enterprise. In Watts, A. G. and Moran, P. (eds.). *Education for Enterise*. Ballinger, Cambridge, 1984: 19–27.——译者注

比如实习和服务学习等（他们将实习和服务学习等同于志愿工作机会）。正如他们所指出的，他们的文章是针对商学院和商科课程的。然而，文章中并没有提到大学中的其他专业如何更好地帮助商学院学生理解社会创业者可能会面临的各种制度逻辑。Pache 和 Chowdhury（2012）提到，商学院学生若想获得全面而扎实的教育，政治学课程、社会学课程以及整个大学的其他课程可能都是有所帮助的优质资源。

（二）反思与批判性分析

Zietsma 和 Tuck（2012）认为需要提出一些尖锐而微妙的问题，比如，我们在社区中所做的事情会产生意想不到的后果吗？有没有可能我们做的事情是弊大于利的？正如他们回顾社会创业教学资源时所发现的，在教授社会创业所使用的材料中很少有批判性的观点。如果仔细地去回顾文献或者主流媒体上的报道，或许就会发现许多社会创业失败的例子。对于任何社会变革的推动者来说，值得警惕的是，一些初衷很好的项目不一定能取得良好的结果，甚至可能落得糟糕的下场。当然，情况也并非总是如此。更广泛、更深入地认识变革所处的社会背景和环境远比把变革者塑造成英雄人物重要。

九、教授服务学习与社会创业

Jacoby（2015）阐述了服务学习领域面临的一系列挑战和机遇，其中包括服务学习和社会创业的关系。雅各比（Jacoby）追溯了社会创业在校园中的发展，发现服务学习与社会创业领域有着许多重要的重合点。她建议社会创业应与服务学习相结合，原因如下：社会创业者实践了服务学习所倡导的许多价值观和特征，包括对现状的不耐烦、解决问题的激情，以及对促进积极的社会变革所需条件的看法等。社会创业教育的倡导者也可以从更加批判性地看待服务学习所提供的潜在权力和结构关系中获益。雅各比还提供了大学如何将服务学习与社会创业教育融入其课程的例子。

可以说，教授服务学习与教授社会创业一样充满挑战，两者都有可能成为具有高影响力的实践活动。在社区参与、与社区成员的关系，以及大学利益与社区利益的一致性方面，两者都可以做得更好。两者都可以更深入地融入课程体系和大学关键使命中，无论是研究型大学、文理学院、公立综合型大学还是其他类型的机构。在向学生传授有关公民工作的知识方面，两者也都可以做得更好。在评估对学生、教师、院校和社区的影响方面，两者都面临重大挑战。共同推动更好的社会变革和构建公民参与的模式的挑战，既是巨大的，也是可行的。下一章将对学生的公民教育的推进工作提出粗浅建议。

CHAPTER 4

第四章

为了参与的教育：

一个转捩点

☑ **摘要：** 对学生进行 21 世纪公民教育为高等教育带来了既令人兴奋但又具有挑战性的机遇。鉴于该领域正处于转折点上，我们提出了四项策略，以推进对学生进行深入且广泛的积极公民教育的议程。一是在为一系列校园创造统一愿景的框架下组织起来；二是扩大"参与"的定义，如在"社会变革之轮"（social change wheel）和"公共服务之路"（pathways to public service）中提出的定义①；三是充分利用服务学习和社会创业教育可以相互借鉴的重要经验；四是围绕学习目标进行组织。服务学习和社会创业这两个领域可以为学生、教师、大学和社区提供很多资源，因此需要共同努力，找到共同的目标和实践之路。

☑ **关键词：** 集体影响（collective impact）；组织框架；社区参与；公共服务之路；服务学习；社会变革；社会变革之轮；社会创业

---

① 关于"社会变革之轮"和"公共服务之路"的介绍，可以分别参见 https://mncampuscompact.org/resource-posts/social-change-wheel-2-0-toolkit/，https://haas.stanford.edu/about/our-approach/pathways-public-service-and-civic-engagement。在本章第三部分也有详细的介绍。——译者注

从本研究的结论中可以看出，大学与社区的互动绝不是简单或直接的。服务学习和社会创业的目的与主张、所在大学的文化背景、特征与组织类型、学校领导对于将参与工作嵌入大学文化和运行中的承诺，以及大学中的组织主题等方面的观点争论，都对大学如何组织社区参与工作有一定的影响。当服务学习和社会创业类的运动转变为主流时，它们可能会忘记自己的出发点，因为它们总是试图阐明自己与当前的实践有多么的不同。正如 Clark（1968）所写的，随着服务学习和社会创业等领域逐渐成熟，它们或许会逐渐撤回乌托邦式的主张，并着手将创新融入学术文化。当我们思考服务学习和社会创业会如何演进和发展，并在学术领域找到一席之地之时，出现了几种可供选择的发展方向。

一、前进的道路

为了弥合服务学习和社会创业的差异，促进两者在大学中的融合，我提出了四项战略：（1）设计适合校园文化和类型的组织框架，允许以更广泛的视角看待参与工作，同时要注重参与原则的制定；（2）开发社区参与工具箱；（3）交流、共享服务学习与社会创业两个领域中的最佳实践经验；（4）制定多个社区参与流派都认同的学习目标。梅塔（Mehta）提出应考虑三大基石，"将公正、同理心和生态系统作为参与的哲学基础"（Mehta, 2012: 142）。组织全校性的活动并创建必备的跨学科团队是一项不简单的任务。建立联盟和伙伴关系需要长期艰苦的发展。梅塔认为，围绕这项任务的组织工作本身就是一项社会事业。人文主义工程（Humanitarian engineering）是一种杰出的方法，以服务经验为基础，但范围更广并有计划地去实现。

> 要解决的社会问题以及潜在的解决方案，都是相当复杂的，并且需要不同学科（工程、农业、医药、商业、地球与矿物科学、信息科学与技术、文学、法律、国际事务和教育）的知识与技能。（Mehta, 2012: 121）

长期的解决方案建立在对"社区及其资源、制约因素、政治和经济条件，以及社区成员用以解决问题的本土知识"（Mehta, 2012: 123）深入了解的基础上。梅塔认为，通过服务进行学习为社区参与提供了较好的基础，但他提出了更高的目标。"当务之急是提高这类项目的标准，从影响较小的服务活动（如粉刷孤儿院、手拉手唱歌），提升到严谨的协作设计和创业生态系统，从而培养可持续的自我发展能力。"（Mehta, 2012: 141）

学术界有一种倾向，即偏向于特定的一种社区参与方式。我们或许可以认为，服务学习培养的是具有同理心的公民，而社会创业教育则培育具备问题解决技能的学生。我们同样也可以认为，这种区分或许过于简单化了。或许，有一种方法能够展示多元视角和变革路径，帮助学生批判性地思考社会变革的模式和模型，以培养学生的技能，从而使他们可以区分问题并给出恰当的解决方案。引用一句常用的话——不能仅因为我们手边有一把锤子，就觉得每个问题都是钉子。

二、社区参与的组织框架

正如本研究所揭示的，高校可以通过多种方式组织能够促进社区参与的工作。在不同的组织框架下，将使命和组织战略联系起来所使用的话语也有所不同，在已有的文献和本研究中出现的主题主要有三种：围绕高等教育的公共和公民目的进行组织，围绕参与式学习进行组织，围绕集体影响和社区焦点进行组织。

（一）围绕高等教育的公共和公民目的进行组织

正如本书第一章所述，《关键时刻：大学学习与民主的未来》一书中提到了高等教育中公民学习的多重失败。报告有力地论证了国家"需要富有见识、积极参与、思想开放、对社会负责的人致力于公共利益并在'实践'民主的过程中得到锻炼"（AAC&U, 2012: 12-13）。广义的公民教育的概念为一系列活动提供了一个有用的统一框架。社会创业、服务学习、公民教育、问题解决工具等都被纳入了一系列可能的活动中，这种方法并没有挑战。Weisbuch（2015）提出了社区参与可能面临的四种挑战，分别是经济可行性、人文应用、连贯性和持久性，以及参与式学习的制度化。他发现，尽管四种挑战都很重要，但"参与式学习的制度化(即公共目的的教育在高等教育中的制度化)是最难实现的"（Weisbuch, 2015: 6）。

> 让我们的学生参与到这一活动中来，我们将培养出的不是优秀的绵羊，即最近一本专著中所说的，不知道自己所学知识的道德后果的聪明专家，而是优秀的牧羊人，他们将用丰富的专业知识创造社区。（Weisbuch, 2015: 2）

公民学习建议让所有学生（而不只是那些参与服务学习课程的学生和修读政治学专业的学生）都为成为 21 世纪公民做好准备。这种准备不是一次性的浸入式体验，而是以发展公民技能的方式进行组织的。21世纪公民学习的要素包括知识（美国历史、政治制度、对社会运动的社会学理解、美国及全球的多元文化）、技能（批判性探究、公民问题解决技能和经验、仔细思考）、价值观（同理心、思想开明、以大局为重），以及集体行动（整合知识、技能和价值观，与他人一起采取行动，与不同的伙伴共同解决公共问题）（AAC&U, 2012: 4）。

（二）围绕参与式学习进行组织

一系列的报告将参与式学习或主动式学习视为促进学生学习的关键教学实践（Kuh and O'Donnell, 2013）。Freeland（2009）呼吁进行一场"本科教育的必要革命"。他的意思是扩展和深化体验式教育，让学生参与行动和实践。他提到了许多成功的项目，但建议校园里的这些努力需要联合起来。

> 所有形式的体验式教育（社区服务、实习、合作教育、本科生科研、海外学习）以及与之相关的课程调整，一直以来都是各自独立发展的，其倡导者之间也很少互动，他们都倾向于专注于自己的特定目标。（Freeland, 2009: 9）

通识教育正处于十字路口，它必须调动学生和教师的兴趣和激情。Freeland（2009）继续阐述他的论点，建议"这些有着不同主张的团体走到一起，共同推进一个更广泛的理念，即把深思熟虑转化为有效行动的能力应成为通识教育的核心要素"（Freeland, 2009: 12）。Freeland（2009）提到了服务学习、积极学习、出国留学、公民参与，但我们还可以加上其他的，如社会创业和社会创新。

公民参与或社区参与为那些寻求在竞争激烈的高等教育市场中脱颖而出的院校创造了大好机会。

随着参与活动在高等教育中越来越广泛地开展，它似乎正在成为提升高校多样性的一股力量。这并不令人意外，因为要发展有效的知识交流关系，让社区、学生和教师都参与知识的共同生产和应用，就要求每个合作伙伴组织具有更强的目的性和一致性。（Holland, 2009: 96）

换句话说，独特性取决于当地的条件和关系。"作为一种差异化策略，社区参与的理念或许会随着它融入21世纪新的学术文化理念中而消失。"（Holland, 2009: 97）Holland（2009）总结道：我们或许能够见证更多样化的、受人尊敬的学术文化……这个世界对知识的需求越来越多，也越来越迫切，这些文化将很好地适应这个复杂的世界。杜兰大学和阿拉巴马大学等开展的工作展示了大学与社区如何合作以及如何对当地需求做出回应，这些大学虽然并非事事都能做得很好，但可以创建非常有效的外联项目（outreach programs），以解决贫困问题和未被满足的需求。根据当地的情况、组织文化和能力，多种多样的社区参与方式为校园提供了与社区充分互动的绝佳机会。

在北卡罗来纳大学系统内，广泛的社区参与正在全州范围内发生。一份有关北卡罗来纳大学社区参与的年度报告对该系统17个校区的社区参与情况进行了年度分析。社区参与委员会（Engagement Council）每年召开4次会议，为交流思想和寻求最佳做法提供了一个平台。北卡罗来纳大学系统作为一个全州的系统，包括研究型综合大学、公立文理学院和赠地学院在内的众多院校，每个学校都提供了不同的参与类型样本。

通过编写这份年度参与报告，全州大学系统的领导者可以回答关于社区参与的一些关键问题。"我们的参与对我们所接触的人和参与的社区有什么有意义的影响吗？什么样的参与对学生、教师和社区成员最有意义？参与如何影响学生的学习结果？"（AAC&U, 2015）这些统一的主题可以通过社区参与战略，将学生学习和社区影响相关的项目与倡议结合在一起。有些人或许会认为服务学习和社会创业这两种教育学生进行社会参与的模式互不相容，但我想说的是，它们并不冲突。在布莱恩特大学，我们在社会学系的项目中开设了服务学习的主修和辅修专业，以及一个社会创业的方向（concentration）。为了将社会创业方向放置在社会学专业中，我们进行了辛苦的游说。布莱恩特大学拥有浓厚的商学院传统，80%的学生主修商科，游说成功这样一所大学是一个不小的成就。我们的论点是，社会学为社会问题的建构和解决带来了巨大的价值，而社会创业的这种建构是将社会创业与我们的创业研究项目区分开来的重要且必要的方式。当然，有多种多样的路径可以让学生有意义地参与到社区中。

学生对社会创业及其他实践中的参与式学习的兴趣，有时候是在学生俱乐部和课外活动项目中被激发的，这给了教师一定的压力，促使他们将服务学习和社会创业纳入课程中去。在一些学校中，学生可以在孵化器、竞赛和资助项目中获得重要的受教育经验。这些活动可能完全游离于学术研究之外，或者在某些情况下通过独立研究和其他课程与教师联系起来。换句话说，即便是在一些服务学习和社会创业并没有很强的学术存在感的学校，课外活动办公室开展的项目也为学生参与提供了重要的启动平台。

（三）围绕集体影响和社区焦点进行组织

如前文所述，非营利组织规模庞大、复杂多样。越来越多的非营利组织面临加强资金来源的稳定性和多样化的压力，还要对自身影响进行评估并改进。今时今日，很少有非营利组织能够像过去那样依赖于不均衡的补助金支持和基金募集而运行。非营利部门日益受到"能否变得更具创业性"的挑战（Klein, 2015）。尽管大学可能正在努力为非营利组织招募志愿者，但最好还是把注意力放在如何加强非营利组织的工作成效上。这并不是要减少行政监管或推动更多部门合并，而是要帮助学生了解非营利组织的前景并让他们认识到在非营利组织取得成功需要一套新的技能。

集体影响运动（collective impact movement）是一个有前景的发展方向，已经受到社会创新和社区参与相关群体的关注，这一点从阿育王大学和校园契约组织区域性会议的项目议程中就可见一斑。"集体影响"可以作为高校已经在开展的伙伴关系工作的一种组织工具。它旨在确保、支持和推进"来自不同部门的重要参与者对解决特定社会问题的共同议程"（Kania and Kramer, 2011: 36）。"集体影响"有5个要素：（1）共同的议程；（2）共享的评价体系；（3）相辅相成的活动；（4）持续的沟通；（5）主干支持性组织（backbone support organization）。最后一项是指一个独立于主要参与者的组织，它可以组织活动、促进对话和提供后勤保障，目的是让集体影响运动保持向前发展。集体影响运动超越了单个组织针对特定问题和人群所做的工作，是一项更有凝聚力的战略，旨在改善其服务和建立的社区网络。"集体影响"旨在增强社区发现和解决社会问题的能力。除了项目计划内的结果外，研究还发现这些项目提供了实践中所谓的"至关重要的无形资产"，这也是任何成功的变革工作所必需的，"如在不同利益相关者之间建立关系和信任，识别与发展领导力，以及创建学习文化"（Hanleybrown, Kania and Kramer, 2012: 8）。

得益于与服务学习相关的基础设施的建立，与问题解决相关的工作的发展在校园里有了重要的起点。一个典型的社区参与模式可能始于校园代表开始考虑他们可以为社区做些什么。在另一种模式中，已有长期运行的和重要的社会服务项目的学校，参与工作的组织始于社区，并围绕社区需求和问题展开对话。换句话说，参与工作的肇始地在社区，而非校园。一旦了解了社区的需求，就会对这些需求进行阐述，并围绕这些需求设计项目，包括志愿工作、慈善事业、社会创业和其他项目。

一些研究者认为服务学习与机构对多样性的兴趣之间存在密切联系。大学如何运用基于社区的学习（无论它是服务学习还是社会创业）来支持对学生的教育，使他们能够与不同于自己所在社区的社区进行合作？通常，和多样性相关的校园工作与主导社区参与的工作是分开的。正如 Vogelgesang、Drummond 和 Gilmartin（2003）所观察到的那样，校园里有太多的倡议了——课程的全球化、和平与正义研究、多样性、品格培养——以至于许多校园成员不确定哪个是需要优先满足的事项。围绕与社区合作和参与相关的话语进行组织，正是服务学习与多样性这一重要问题建立联系的一种方式。

> 使用"以社区为中心的伙伴关系"这种话语，能够更容易地引入多元文化的角度。当伙伴关系成为焦点时，就更容易"理解"了解社区需求的必要性，而这必须要处理经济、社会和文化上的差异问题。（Vogelgesang, Drummond and Gilmartin, 2003: 21）

三、社区参与的"工具箱"

Light（2009）采用了"问题解决大全"（problem-solving landscape）一词。这是一个有用的概念，用来指代解决社会问题所需的一系列工具和策略。他认为，创造广泛变革所需要的技能包括创新、组织管理、文化意识和协调能力。尽管资助者似乎更加青睐新组织而非老组织，但主流的组织也可以是创业型的。要实现重大变革，需要多元的合作伙伴和来自多个部门的共同努力。虽然英雄式的创始人和领导者非常吸引人，但事实上，真正的变革是许多人共同努力的成果，而其中大多数人是默默无闻的。

今日的争论并非要找到改变世界的最佳方式，而是要在全社会创造和利用平凡的英雄主义，以在紧急情况发生时创造社会急需的变革。（Light, 2011: 181）

比如，校园契约组织在明尼苏达州的分部建立了"社会变革之轮"，该项目包含十项行动，旨在推动公民参与社区活动。"公民通过多种方式来实现目标，将他们的技能、兴趣，他人的努力，以及看上去最有可能帮助其实现期望的改变的战略，都考虑在其中。"（Minnesota Campus Compact, n.d.）这些行动是在服务学习的总体框架之下的，包括慈善志愿服务、社区发展、慈善事业、抗议、宣传和社区组织、社会创业、基于社区的研究、协商对话、对社会负责的日常行为、投票和正式的政治活动。这些活动有助于学生和社区成员思考公民积极参与的各种方式。作为一个全国性的领导组织，校园契约利用"社会变革之轮"，与校园选区（campus constituencies）和社区讨论公民参与问题，并培养公民技能。

另一个例子是由斯坦福大学哈斯中心创建的"公共服务之路"。这些路径"描绘了我们可以为公益事业做贡献的一系列可能的方式……并不存在一条单一的路径，人们可以随着时间而在这些路径中来回移动"（Stanford University, n.d.）。这些路径包括直接服务、社区参与式学习和研究、行动主义（activism）、慈善事业、政策/政治和社会创业。这一模式与在线诊断工具一起，引导学生思考各种社会变革的方法。支撑"公共服务之路"的是"道德和有效服务原则"（Principles of Ethical and Effective Service）（Haas Center for Public Service, 2014），它规定了六条准则，这些准则应贯穿于项目设计、服务学习课程和学生在社区开展的工作中。这些准则包括互惠、为了参与而做准备、尊重多样性、反思等。"社会变革之轮"和"公共服务之路"的目的是为学生、教师、社区成员提供一个更为宽泛的校园—社区参与概念。

在我自身的教学和研究中，我开发了一个社区参与"工具箱"，用来帮助学生理解如何从特定角度看待社会问题及其潜在的解决方案。在我所在的大学，80% 的学生主修商学，其中管理和会计是最受欢迎的专业方向。学生通常不会选择教育、医疗保健或人道主义工作，所以我们采用了"参与"的广义定义，学生可以从中想象积极参与社区的诸多路径。我的工具箱由直接服务、社会创业、社区组织、宣传、案例制作和故事讲述、支持良心消费、组织支持以及公民工作（包括上文已经提到的宣传、社区组织、政治和政策工作）等组成。所有这些在课堂中都有其用武之地。我认为，这样的框架为整个课程体系提供了一个有价值的规划工具，因为这些工具为社区参与提供了多种途径。在民主协商方面，我们可以将其扩展到 Saltmarsh（2005）对公民技能的广泛定义（批判性思考、沟通、公共问题解决、公民裁决、公民想象力和创造力、集体行动、建立联盟与组织分析）。当然，我们可以讨论实现社会影响的最佳策略，但在我看来，学生需要在整个课程、校园生活和大学生涯中接触和练习这些工具。表 4.1 对这些方法进行了比较。

表 4.1　社区参与的多种形态

公共服务之路	社会变革之轮	社区参与工具箱
直接服务	慈善志愿服务	直接服务
基于社区的学习与研究	基于社区的参与式研究	社区参与研究
行动主义	抗议和示威、宣传和社区组织	公民工作
政策／政治	选举和正式政治活动	公民工作
	协商对话	公民工作

公共服务之路	社会变革之轮	社区参与工具箱
	慈善事业	慈善事业
	社会创业	社会创业
	社区建设	社区组织
慈善事业	有社会责任感的日常行为	有意识的消费主义和相关运动
	社区和经济发展	案例制作和故事讲述
		组织支持和基础设施发展

注：公共服务之路、社会变革之路、社区参与工具箱分别来源于哈斯公共服务中心、明尼苏达校园契约和本书作者的相关文献。

四、资源和观点的交流

尽管服务学习和社会创业在实践中有较大的区分，但都有巨大的潜力，可以互相借鉴、建立合作，从而为社区发展带来改变。

我们希望在这些领域工作的人能够分享他们为社区做出积极贡献的共同愿望，并从他们各自拥有的优势中学习很多东西。（Jones, Warner and Kiser, 2010: 11）

与许多社会创业教育工作者一样，DeBerg 和 Eimer（2012）也在商学院工作，并在领导赛智（SAGE）① 方面做了很多了不起的工作。在该赛事中，参与服务学习项目的大学生将全球高中生与创业领域联系起来。德伯格（DeBerg）清楚地看到了服务学习与社会创业之间的联系。他一直以来都是服务学习领域的重要贡献者，长期倡导在会计学课程中采用服务学习的教学方法。他的工作对社会责任型商业实践和社会企业具有重要价值。在社会创业领域，他找到了一个教授高中生构建解决方

---

① 即面向全球中学生的创业竞赛，全称为 Students for the Advancement of Global Entrepreneurship，由美国加州州立大学奇科分校的柯蒂斯·德伯格（Curits DeBerg）教授于 2002 年发起。

案所需技能的情境和平台。

> 未被满足的社会需求不断增加。人们越来越意识到我们面临的社会问题和挑战是全球性的、互相交织的：每个国家都在寻求解决失业问题的方案，我们也都知道培养创业者是非常重要的。我们知道，创业作为一种解决社会需求的有效方式已被广泛接受。（DeBerg and Eimer, 2012: 50）

社会创业的教学工作遇到了服务学习的教学工作所面临的许多挑战，甚至可能更多，因为其导向是解决问题。阿育王大学的教学资源指导手册（Ashoka U, 2014a）提出了所谓社会创业"学术空间"创新与发展的四个方面。重要的是，他们呼吁制定学习成果和标准，收集社会创业领域的标准作品或"典籍"，从而让该领域的毕业生拥有共同的知识体系，创建一门标准和全面的学习课程，以指导辅修专业、主修专业和证书项目的组织工作，并为教师和其他从业者提供专业发展的机会。协同服务学习和社会创业教育也面临着诸多挑战。

Dees（2012）提出了五项策略来弥合慈善文化和问题解决文化之间的差异。这为我们弥合服务学习文化和社会创业文化之间的差异提供了启发。他提出，尽管这些领域可能会相互孤立，都声称自己应享有优先性，或忽略另一方的作用和贡献，但通过建立联系可以增强它们的社会影响。五大策略中的其中三个，与我们的讨论非常相关。第一，他建议教育工作者、宗教组织的领导者和其他舆论领袖展示问题解决的模式，并教导学生不仅要有同理心和对不公正行为的敏感性，还要学会使用一系列工具有效解决社会问题。"我们需要一个'更好的撒玛利亚人'（Better Samaritan），他不仅能帮助旅行者，还能建立一个有效的预防犯罪的项目，以保证未来旅行者的安全。"（Dees, 2012: 330）第二，他认为在慈善和问题解决的相关工作中应提升透明度并增加问责制。两个领域都需要对各自产生的影响有更加清楚的认识。这并不意味着定量的评价会主导我们对有效性和影响的理解，而是说，捐赠者及其支持的项目都必须更加仔细、更加持续地去检验社区工作产生的影响。第三，他提出将解决问题的机会扩大到更大范围、更多元的社区中。这显然是把解决问题的任务交给了那些往往是干预的"目标对象"的人的手中。由于解决问题需要对社会背景有深刻的理解，故通过某个狭隘的学科方法来应对这些挑战是不够的。

人文科学领域的一些领导者并不认为在人文和社会科学中教创业会有什么问题。"由于通识教育就是致力于培育有责任感的公民，因而通识教育与社会创业之间有一种特殊的密切关系"（Hines, 2005: 6）。社会创业、服务学习以及培养领导力的项目为通识教育在社会创业教育中开辟了重要空间，发挥了独特作用。

Schnaubelt 和 Rouse（2013）在回顾服务学习和社会创业如何更好地协作时，产生的疑惑是：这两个领域的实践是如何相互支持，并吸取各自提供的经验教训的？社会创业领域的工作对服务学习领域的人员来说可能是非常有用的。为解决社会问题而组织的资源以及对这些问题的解决方案进行的实时批评，能够为教师提供非常有价值的教学材料。《修复》（Fixes）是由丹尼尔·伯恩斯坦（Daniel Bornstein）和蒂娜·罗森博格（Tina Rosenberg）撰写的系列文章，每周刊登在《纽约时报》上（Bornstein and Rosenberg, 2013）。该系列文章探究了破解社会问题的新方式，包括为非洲偏远村庄提供医疗服务、改善寄养儿童的状况，以及为贫困被告提供社区辩护等。在马凯特大学的帮助下，盖茨基金会和其他几个关键合作者推出了 Fixes U 平台，该平台围绕该系列内容开发教学资源。阿育王大学在对社会创业课程和教学资源的有益内容进行回顾时（Ashoka U, 2014a），提供了一个卓越的社会创业教育框架。该框架包括教学和课程、研究、应用学习、资源、角色榜样、社区和文化等内容。阿育王大学将社会创业教育与美国大学与学院联合会在知识和实践技能、个人和社会责任，以及综合和应用学习等领域的基本学习要求联系了起来。若要在校园中发展社会创业，必须获得校园内的组织支持；若要将该领域建设成一门学科，必须将它打造成一个学术领域。阿育王大学的这份文件回顾了在多个学科和课程层次教授社会创业的教师所提交的教学大纲。评估这些教学大纲的研究者注意到了一些很有前景的方法，其中许多都是从事服务学习的人员所熟悉的。这些方法包括学生参与社会创业、将社会创业融入不同学科中、识别并解决现实世界中存在的问题、努力评估社区影响，以及在解决问题时聚焦于深度而非广度。

本章为总结章，对于本章而言，最值得关注的是社会创业学术领域的发展和创新，包括"制定学习目标和标准、开发社会创业方面的经典作品、为综合全面的课程学习制定行业标准，以及促进社会创业教学方面的专业发展"（Ashoka U, 2014a: 35）。这些都是服务学习领域几十年来一直面临的问题。也有不少改进课程和教学的建议被提出。这些建议的提出主要是出于对以下方面的担忧：（1）社会创业的概念不清晰；（2）社会创业的"教"与"学生通过学习成为社会创业者"之间的矛盾；（3）侧重覆盖的广度而非深度；（4）缺乏对学习目标的关注；（5）侧重以教师为主导而非以学生为主导的教学方法；（6）缺乏与社会创业相关的课程材料；（7）未能将社会创业与真实世界的实践联系起来。（Ashoka U, 2014a）随着社会创业逐步融入各学科中，或许它也会面临与服务学习一样的挑战，即产出一系列可以作为该领域经典的作品。

此外，由于社会创业的关注点在于其所产生的影响，服务学习教育者和他们的社区合作伙伴可以共同评估项目的影响力，并提出方法改善或重新组织提供服务的方式。极少数服务学习项目能够自信地声称在社区中产生了重大影响，即便如此，阿育王大学也为评估影响提供了一个重要的视角——追求大规模的影响不应该是每个组织的目标或宗旨

（Kim, 2015）。事实上，四种层次的影响都很重要，取决于组织工作的战略定位是什么。每一个层次的影响提出的是不同的问题，也需要不同的社会变革工具。直接服务（第一种层次的影响）为有需要的人提供帮助，其反馈回路直接且相对简单：提供了多少顿餐食？为多少客户提供了咨询服务？规模化的直接服务（第二种层次的影响）旨在进行大规模干预，需要更复杂的管理和后勤支持。这方面的影响可以通过询问交付的成本和干预措施的有效性来评估。系统性变革（第三种层次的影响）聚焦于问题产生的根本原因，并运用各种工具来改变政策、市场条件和行为。社会创业所产生的影响关乎目标问题是否得到有效解决，从而使解决方案具有可持续性，以及创新"在哪些方面增强了地方赋权或催生了依赖性"。框架性变革（第四种层次的影响），则是在"改变观念从而改变行为"方面努力。这个层次的变革需要许多参与者在一段时间内共同完成，从而实现范式转变。这方面的例子包括对普遍人权的呼吁和民权运动。金（Kim）认为，所有层次的影响都很重要，且在解决社会问题中扮演着一定的角色。对寻求战略性的管理资源的组织而言，不仅理解不同层次的影响很重要，"还必须开展更多的对话，以更好地理解社会变革部门中所有利益相关者的不同层次的影响"（Kim, 2015）。教师可以帮助学生了解他们合作的组织是如何产生影响的，并让学生意识到在社会变革中他们的自身利益也可以通过多种路径得到实现。

社会创业也可以从与服务学习的紧密结合中受益。服务学习的课程深入探讨了社会问题产生的根源。Janus（2015）描述了服务学习的经历是如何弥合实践与理论的差距的。学生与当地的社会企业家合作，一起研究和开发满足社区需求的项目和服务。

在社区中的经历可以让学生为成为自己希望成为的变革者做更好的准备。如果是精心安排的，这种经历可以让学生受益良多。Janus（2015）认为"所有提供社会创业课程的大学应该开始努力使这种'服务学习'方法成为他们课程的一个组成部分"。帮助教师设计和引导反思练习、评估影响、设计服务于社区和学生的项目是必不可少的。服务学习追求的是激励学生去做更多事，并通过各种工具和策略来解决他们认为的社会不公正问题。批判性反思对于服务学习中的深度学习的重要性（Clayton and O'Steen, 2010; Eyler, Giles, Jr. and Scmiede, 1996）已经得到确立。批判性反思有助于使学生从感同身受走向分析和行动。Jacoby（2015）认为，没有批判性反思就没有服务学习。学生们可能会发现社区服务经历是有益的，但在他们考虑有关服务背景和他们在社区中的角色等更深层次的问题之前，这些经历并不能为他们带来转变。当然，这些经历是在社区中发生的，而发展互相尊重、互利互惠的关系是这项工作的关键。

服务学习项目已经吸收了很多关于建立和管理社区伙伴关系的知识。校园和社区之间的伙伴关系并不存在于真空之中，而是存在于特定的地点，并受到历史、政治、文化、能力、期望和组织运作模式的影响。高等教育机构之间也千差万别，比如社区学院所掌握的资源与那些研究型大学就非常不一样。社区可能会因为接待学生参加各种各样的项目而负担过重，这些项目可能对社区有帮助，但也需要社区付出精力和资源。此外，社区也可能与大学中的相关部门合作，包括学生事务部门、牧师办公室以及学生服务俱乐部。最起码，合作应该是互利的，带着共同确定的目标，对结果共同负责，互相授权，共享责任与回报（Jacoby, 2015）。

重要的是，要认识到社会创业领域的一些优秀的思想家拓展了人们对社会变革工具的看法。"成功的社会创业者会利用最有效的组织结构、战略和筹资机制来实现他们的社会目标。社会创业不应该被视为一种筹资战略，也不应该与商业企业的理念挂钩……创业精神的核心是建立新的、更好的创造价值的方式。"（Dees, 2004: 17）

在研究服务学习与社会创业的共同之处时，Jones、Warner 和 Kiser

（2010）对于这两个领域之间的合作持乐观态度，他们认为，这两个领域的视角都是有局限性的。"社会创业者或许会进入一种'想当然'的状态，认为自己最了解情况，能与社区分享他们的专业知识，并以一己之力把他们的创新想法落实下去，而没有充分了解相关问题在社区发展中的历史。"（Jones, Warner and Kiser, 2010: 11）同样，服务学习的实践者可能会沉浸于社区合作伙伴的日常工作中，"以至于很难'跳出固有思维模式'"（Jones, Warner and Kiser, 2010: 11）。

无论是由服务学习、社会创业还是大型企业提出的社会干预，其失败往往是由于缺乏对社区文化的关注，或是没有考虑到人们的需求，或是未能采纳来自客户和利益相关者的反馈意见。将商业计划应用于社会问题，未必能给解决棘手的社会问题带来特别的价值或者效果（Brown and Watt, 2010）。社会创业者和服务学习者可能都是带着预设的解决方案和"灵丹妙药"进入一处实地，却没有清楚地了解当地人是如何生活、如何理解这个世界的。事实上，与倡导所谓的商业实践不同，设计思维等替代性方法借鉴了社会学和人类学的方法论，即民族志。设计思维是一种处理问题的方法，而不是一种解决问题的意识形态。

五、围绕学习目标进行组织

美国大学与学院联合会为多个领域的"基本学习要求"研发了一套学习评估标准。其中"公民参与"评估标准宽泛地涵盖了公民参与的范畴，包括服务、公共教育运动、政治行动、研究、公民行动、协商民主，以及创建新的组织或企业。在界定"公民参与"或"社区参与"的概念时，考虑的范围应该能为有兴趣拓宽"公民参与"或"社区参与"概念的人提供广阔的讨论空间（AAC&U, n.d.）

在《2012年阿育王社会创业教育手册》中，作者提出了一项行动呼吁，校园契约组织的出版物上也曾发出这样的呼吁。

> 作为变革的引擎，高校能够有效地发展人力资本……来应对世界上最紧迫的挑战……作为变革的推动者，高校有机会将活动和资源集中用于满足明确的社会需求。许多高校已经开始朝着这个方向前进，利用自身丰富的资源来创造和推广能够改变系统的解决方案。（Ashoka U and Brock, 2011: 5）

在一些人看到社会创业与服务学习之间的巨大区别之时，另一些人看到了两者之间的联系。Wessel 和 Godshalk（2004）认为，在商业课程中服务学习是教授社会创业的最佳教学方法。与其他学科一样，社会创业可以通过讲授法、课堂讨论、研究项目以及邀请实践者做讲座等方式进行授课。Wessel 和 Godshalk（2004）在运用服务学习模式为学生提供真实世界的体验方面，提出了令人信服的论点。正如他们所认为的，"服务学习是加强社会创业学习的首选方法"（Wessel and Godshalk, 2004: 29）。

McBride 和 Myln（2015）提出了一个更广泛的视角，探讨如何教育学生为社区做出贡献。他们认为，最重要的是将创新和社会创业理解为一种策略，并将其纳入对公民和政治参与的拓展性理解中。他们认为，狭隘地聚焦于社会创新或许会成为重大社会变革的障碍，因为将社会创新置于其他实践之上，将注意力集中在变革的创造者和领导者的个人身上，会使学生从学习最有价值的社会变革工具中分心。他们认为，这些工具包括社区组织与社会运动、对社区资产的理解，以及重视他人的想法。

> 在高等教育领域，如果我们能够将社会创新和创业运动与公民和政治参与的价值观、方法及工具结合起来，那么我们对学生和社会的贡献将更加显著。（McBride and Mlyn, 2015）

高等教育的作用在此至关重要。高校必须确保所有学生都为参与社会变革做好了准备并具备参与社会变革的能力。这就意味着高校要制定体现学校优先事项的计划，即重视公民参与。重视公民参与，不能将其视为简单的课外活动，也不能仅仅将其视为充实简历的工具，而是将其视为大学生教育的关键要素。

> 高等教育在培育下一代变革推动者上必须扮演一个积极和统一的角色……高等教育这个角色非常重要。高校扮演着社会变革世界的"守门人"（gatekeepers）的角色，在塑造学生关于各种形式的参与的态度方面具有重要作用。（Light, 2011: 14）

高等教育在社会变革和社区参与方面的教学面临着严峻的挑战。服务学习和社会创业均存在自身的局限性。在学习服务学习或社会创业时，学生可能得不到完整的信息，比如只了解到问题的一部分，而没有看到问题的全部。危险在于，社会创业者可能会将反映其自身价值观和偏好的解决方案强加于人，而不是认真倾听社区的意见，或让社区参与问题解决。服务学习存在的危险在于，学生可能会发现问题，但并未意识到自己有义务去解决它们。对于那些为了"行善"而参与任何标榜社区参与活动的人来说，教育学生（和我们自己）以尊重的方式与社区合作、欣赏当地的优势和文化是一项至关重要的任务。

> 我们建议大学和研究人员投入大量资源和精力去深入探索一个新领域，该领域致力于解决跨越商业和社会部门之间的旧有界限的社会问题。（Dees and Anderson, 2006: 60）

六、已有的研究及存留的问题

我认为，我们需要让我们的同事参与到社会创业、社会创新、服务学习、公共工作、公民专业素质及相关领域中去，去思考这些领域中的人在做什么以及我们如何互相帮助。组织一些由各类实践者参与的专家小组和研究项目或许会有助于此。阿育王大学、校园契约组织全国办公室或者卡内基教学促进基金会做过的任何一项综合性调查，都可以为了解高校在与社区互动时做些什么提供一个具有代表性的视角。校园契约组织对其成员的年度调查反映了在高校开展社区参与的三十年的历程。这项调查充分记录了服务学习的发展情况。目前，校园契约组织正考虑对这项调查做一些调整，以更加准确和全面地反映高校参与工作的更广泛的发展。

> 我们的目标是提供数据，这些数据不仅能记录参与活动，还能为回答有关参与的重要问题（如大学如何参与、谁参与、谁受益，以及我们如何做得更好等）提供基础。（Campus Compact, 2015: 8）

此外，我们需要对教学和研究中的有效方法提出质疑，当然，也需要探讨什么样的策略能让我们与社区合作伙伴以互惠的方式解决问题。如前文所述，服务学习和社会创业教育需要开发工具和技术来衡量对学生、教师、机构和社区所产生的影响，不仅要关注结果，还要关注更广泛的系统和框架性变化。

这样一来，我们可以提出很多需要深入研究的问题，比如：大学能否提供服务学习所教授的深刻经验，并采用社会创业所采用的解决问题的方法？大学如何最好地组织其参与工作？是否有具有前景的模式出现？我们如何展示和表彰大学在社区参与方面的特色？如果采用宽泛的社区参与概念，如何才能最好地将其落实到位？大学如何看待其在广泛培养 21 世纪公民中所扮演的角色？

1985 年，国家教育委员会主席法兰克·纽曼（Frank Newman）就高校的公共和公民使命写下了令人信服的文章。他认为，越来越多的学生没有接触到公民技能，也没有为毕业后成为积极公民做好准备。纽曼因倡导公民教育和公共目标而被人们所铭记，他也是当初建立校园契约组织的主要人物。他认为学生需要有创造力和解决问题的能力，但他的这个观点却不为人所知。他提出高等教育应为学生提供机会，让他们学会创造、主动学习、深入讨论，以及探索社会和个人的价值。在他列举的四种创造力中，与公民服务学习和社会创业最相关的是组织创造力——形成和组织新的方式以更好地解决社会问题的能力。

> 创业能力不应是一种（似乎）天生具备这种天赋的人才具有的能力。我们需要的可不止几个亨利·福特或马丁·路德·金。我们需要让他们所体现的品质在全社会尽可能广泛和深入地传播。在国际关系中、在教育中、在地方政府中，都需要愿意探索新道路、考虑新方法的人。（Newman, 1985: 52）

在高等教育中，将社会的、公民的和公共的目的进行统一的挑战，是巨大和令人兴奋的。这个机会——重新考虑我们在校园里所做的工作，并将其连接到更广泛和更深层次的目标——呈现了服务学习和社会创业的组织主题。高等教育在我们的社区中有着十分重要的角色需要扮演，不能让这个机会就此被错过。

附录：校园大使访谈名单

校园	姓名	职务
亚利桑那州立大学	杰奎琳·史密斯（Jacqueline Smith）	大学倡议执行主任兼社会嵌入方面的校长顾问
康奈尔大学	理查德·凯利（Richard Kiely）	"参与学习＋研究"中心主任
	安克·韦塞尔斯（Anke Wessels）	转化性学习中心主任
杜克大学	埃里克·姆林（Eric Mlyn）	公民参与助理副教务长、"杜克参与"彼得·兰格（Peter Lange）执行主任
	马修·那什（Matthew Nash）	社会创业促进中心、杜克社会创业加速器中心主任
马凯特大学	金·詹森·博哈特（Kim Jensen Bohat）	服务学习促进教与学项目中心主任
	珍妮·奥桑洛（Jeanne Hossenlopp）	分管研究与创新的副校长、化学教授
米德尔伯里学院	蒂凡尼·诺斯·萨金特（Tiffany Nourse Sargent）	社区参与主任
	乔纳森·艾沙姆（Jonathan Isham）	经济学教授、社会创业中心主任
波特兰州立大学	贾内尔.D.沃格勒（Janelle D. Voegele）	教学与评估中心主任
	辛迪·库珀（Cindy Cooper）	影响力创业者组织联合创始人、主任
	詹妮弗·艾伦（Jennifer Allen）	可持续解决方案研究院主任
	艾米·斯普林（Amy Spring）	社区研究与合作伙伴中心主任

参考文献

Ashoka U and Debbi D. Brock. *Social Entrepreneurship Education Resource Handbook*. Arlington, VA: Ashoka U, 2011.

Ashoka U. *Teaching Resources Guide*. Arlington, VA: Ashoka U, 2014a.

Ashoka U. *Trends in Social Innovation Education 2014*. Arlington, VA: Ashoka U, 2014b.

Ashoka U. *What Is a Social Entrepreneur?*. http://www.ashoka.org/entrepreneur (accessed December 1, 2014).

Ashoka U. *Ashoka Changemaker Campus*. March 8, 2015. http://ashoka.org/programs/changemaker-campus/ (accessed March 15, 2015).

Ashoka U. "How Do You Know When You've Revolutionized an Industry?" *Ashoka: Innovators for the Public*. 2013. https://ashoka.org/sites/www/ashoka.org/files/2013-Impact-Study-FINAL-web.pdf (accessed April 20, 2015).

AAC&U. "A Crucible Moment: College Learning and Democracy's Future." Washington, DC, 2012.

——."Civic Engagement Value Rubrics." Washington, DC: AAC&U, n.d.

——."Civic Engagement VALUE Rubrics." *VALUE Valid Assessment of Learning Undergraduate Education*. 2011 Fall. http://www.aacu.org/value/rubrics/

index (accessed March 13, 2013).

——. "CEDE Action Network Commitments 2012—2014: Statements of Commitment from National Organizations, Local Organizations, Higher Education Institutions, and Scholars/Practitioners." *National Civic Learning and Democratic Action Network.* n.d. http//aacu.org/sites/default/files/crucible/CLDEActionNetworkCommitments.pdf (accessed April 1, 2015).

——. "Fostering Social Entrepreneurship across the University of North Carolina System." *AAC&U News.* June/July 2015. http://aacu.org/campus-model/fostering-social-entrepreneurship-acrossuniversity-north-carolina-system (accessed June 12, 2015).

Bansal, Sarika. "Shopping for a Better World." *The New York Times*, May 9, 2012. http://nytim.ms/Ifyusex.

Battistoni, Richard M. "Beyond Service and Service Learning: Educating for Democracy in College." In *Higher Education Exchange*, by David W.Brown and Deborah Witte, 53-64.Washington, DC: Kettering Foundation Press, 2014.

Beere, Carol A., James C. Votruba, and Gail W. Wells. *Becoming an Engaged Campus: A Practical Guide to Institutionalizing Public Engagement.* San Francisco, CA: Jossey-Bass, 2011.

Blackwood, Amy S., Katie L. Roeger, and Sarah L. Pettijohn. "The Nonprofit Sector in Brief: Public Charities, Giving, and Volunteering, 2012." The Urban Institute. Washington, DC, 2012. http://www.urban.org/sites/default/files/alfresco/publication-pdfs/4X2674-The-Nonprofit-Sector-in-Brief-Public-Charities-Giving-and-Volunteering-.PDF.

Bonnet, Jennifer. "Engaging in Community Service and Citizenship: A Comparative Study of Undergraduate Students Based upon Community Service Participation Prior to College." Master Thesis, University of

Maryland, 2008.

Bornstein, Daniel, and Tina Rosenburg. "Opinionator Fixes blog." *The New York Times*. March 13, 2013. http://opinionator.blogs.nytimes.com/category/fixes/ (accessed March 13, 2013).

Boschee, Jere. *Migrating from Innovation to Entrepreneurship: How Nonprofits are Moving toward Sustainability and Self-Sufficiency.* Minneapolis, MN: Encore Press, 2006.

Bringle, Robert G., and Julie A. Hatcher. "Implementing Service Learning in Higher Education." *Journal of Higher Education*, 67, no. 2 (1996): 221-239.

Brock, Debbi D., and Susan D. Steiner. "Social Entrepreneurship Education: Is It Achieving the Desired Aims?" *SSRN Electromic Journal*. February 16, 2009. http://ssrn.com/abstract=13444X9 (accessed January 25, 2012).

Brock, Debbi D., Susan D. Steiner, and Lois A. Jordan. "Using the Social Entrepreneurship Model to Teach Engineering Students How to Create Lasting Change." In *Convergence: Philosophies and Pedagogies for Developing the Next Generation of Humanitarian Engineers and Social Entrepreneurs*, by Thomas H. Colledge, 80-90. Boulder, CO: International Journal for Service Learning in Engineering , 2012.

Brown, Tim, and Jocelyn Watt. "Design Thinking for Social Innovation." *Stanford Social Innovation Review*, 8, no. 1 (Winter 2010): 31-35.

Butin, Dan. "The Limits of Service-Learning in Higher Education." *The Review of Higher Education*, 29, no. 4 (2006): 473-498.

——. *Service-Learning in Theory and Practice: The Future of Community Engagement in Higher Education*. New York: Palgrave Macmillan, 2010.

Butin, Dan, and Scott Seider (eds). *The Engaged Campus: Majors, Minors and Certificate as the New Community Engagement*. New York: Palgrave Macmillan, 2012.

Campus Compact. *Presidents' Declaration on the Civic Responsibility of Higher Education*. Boston, MA: Campus Compact, 1999.

——. *Creating Culture of Assessment: 2012 Campus Compact Annual Member Survey*. Boston, MA: Campus Compact, 2013.

——. *Emerging Ideas: Annual Report, 2012—2013*. Boston, MA: Campus Compact, 2013.

——. *Three Decades of Institutionalizing Service: 2014 Member Survey*. Boston, MA: Campus Compact, 2015.

Carnegie Foundation for the Advancement of Teaching. "Carnegie Selects Colleges and Universities for 2010 Community Engagement Classification." *Carnegie Foundation*. January 2011. http://www.carnegiefoundation.org/print/7581 (accessed April 10, 2015).

——. "Carnegie Foundation Announces 2015 Community Engagement Classification Selections." *Carnegie Foundation for the Advancement of Teaching*. January 7, 2015. http://www.carnegiefoundation.org (accessed January 7, 2015).

——. "First-Time Classification Documentation Framework." January 11, 2015. http://nerche.org/images/stories/projects/Carnegie/2015-reclassification_framework.pdf (accessed March 15, 2015).

——. "The Carnegie Classification of Institutions of Higher Education." *Classification Data File*. June 9, 2015. http://carnegieclassifications.iu.edu/resources (accessed June 15, 2015).

Center for Engaged Democracy. *Core Competencies in Civic Engagement*. Core Competencies Committee. Andover, MA: Merrimack College, 2012.

Christensen, Clayton M., Michael B. Horn, Louis Caldera, and Louis Soares. *Disrupting College: How Disruptive Innovation Can Deliver Quality and Affordability to Postsecondary Education*. Washington, DC: Center for American Progress, 2011.

Chronicle of Philanthropy. *Charting the Tax-Exempt World.* April 10, 2011. http://philanthropy.com/article/Charting-the-Tax-Exempt-World/127014/ (accessed May 1, 2013).

Clark, Terry N. "Institutionalization of Innovations in Higher Education: Four Models." *Administrative Science Quarterly,* 13, no. 1 (1968): 1-25.

Clayton, Patti, and Billie O'Steen. "Working with Faculty: Designing Customized Developmental Strategies." In *Looking In, Reaching Out: A Reflective Guide for Community Service-Learning Professionals,* by Barbara Jacoby and Pamela Mutascio,. Boston, MA: Campus Compact, 2010.

Colby, Anne, Elizabeth Beaumont, Thomas Ehrlich, and Josh Corngold. *Educating for Democracy: Preparing Undergraduates for Responsible Political Engagement.* San Francisco, CA: Jossey-Bass, 2007.

Colledge, Thomas H. *Convergence: Philosophies and Pedagogies for Developing the New Generation of Humanitarian Engineers and Social Entrepreneurs.* Boulder, CO: International Journal for Service Learning in Engineering, 2012.

Community Wealth Ventures. "Social Enterprise: A Portrait of the Field." Washington, DC: Center for the Advancement of Social Entrepreneurship (CASE); Community Wealth Ventures Inc., Social Enterprise Alliance, 2010, 24.

Corporation for National & Community Service. "President to Recognize Learning Higher Education Institutions for Community Service." 2014. http://www.nationalservice.gov/Honor Rol (accessed July 31, 2014).

——. "2014 President's Higher Education Community Service Honor Roll."n. d. http://www.nationalservice.gov/special-initiatives/presidents-highereducation-community-service-honor-roll/2014-presidents-higher (accessed April 17, 2015).

Cuban, Sondra E., and Jeffrey B. Anderson. "Where's the Justice in Service-

Learning? Institutionalizing Service-Learning from a Social Justice Perspective at a Jesuit University." *Equity & Excellence in Education*, 40, no. 2 (2007): 144-155.

Daigre, Eric. "Toward a Critical Service-Learning Pedagogy: A Freirean Approach to Civic Literacy." *Academic Exchange*, 4, no. 4 (Winter 2000): 6-14.

Davis, Adam. "What We Don't Talk about When We Don't Talk about Service." In *The Civically Engaged Reader: A Diverse Collection of Short Provocative Readings on Civic Activity*, by Adam Davis and Elizabeth Lynn, 148-154. Chicago, IL: Great Books Foundation, 2006.

DeBerg, Curtis L., and Peter C Eimer. "Social Enterprise and Socially-Responsible Business: A Global Education Program Linking Teens to Higher Education and the Private Sector." *International Journal of Business, Humanities and Technology*, 2, no. 1 (2012): 42-51.

Dees, J. Gregory. "Putting Nonprofit Ventures in Perspective." In *Generating and Sustaining Nonprofit Earned Income,* by Sharon M. Oster, Cynthia W. Massarsky and Samantha L. Beinhacker, 3-18. San Francisco, CA: Jossey-Bass, 2004.

——. "A Tale of Two Cultures: Charity, Problem Solving, and the Future of Social Entrepreneurship." *Journal of Business Ethics*, 111, no: 3 (2012): 321-334.

Dees, J. Gregory, and Beth Battle Anderson. "Framing a Theory of Social Entrepreneurship: Building on Two Schools of Practice and Thought." In *Research on Social Entrepreneurship: Understanding and Contributing to an Emerging Field,* by Mosher-Williams, 39-66. Indianapolis, IN: Association for Research on Nonprofit Organizations and Voluntary Action, 2006.

Dey, P. "The Rhetoric of Social Entrepreneurship: Paralogy and New Language Games in Academic Discourse." In *Entrepreneurship as Social Change,* by C. Steyhart and D. Hjorth, 121-144. Cheltenham: Edward Elgar, 2006.

Ehrlich, Thomas. *Civic Responsibility and Higher Education.* Westport, CT: Oryx Press, 2000.

Enos, Sandra. "Thinking Outside the Bubble and the Social ChangeToolbox." Eastern Regional Campus Compact Conference. Jacksonville, FL, October 16, 2014.

Enos, Sandra, and Keith Morton. "Developing a Theory and Practiceof Campus-Community Partnerships." In *Building Partnership sin Service -Learning*, by Barbara Jacoby, 20-41. San Francisco, CA: Jossey-Bass, 2003.

Eyler, Janet S., Dwight E. Giles, Jr., and Angela Scmiede. *A Practitioner's Guide to Reflection in Service-Learning: Student Voices and Reflections.* Nashville, TN: Vanderbilt University Press, 1996.

Farmer, Paul. "Three Stories, Three Paradigms, and a Critique." *Innovations: Technology Governance Globalization*, Special Issue for the Skoll World Forum (2009):19-28.

——. *To Repair the World: Paul Farmer Speaks to the Next Generation.* Berkeley, CA: University of California Press, 2013.

Fish, Stanley. *Save the World on Your Own Time.* New York: Oxford Press, 2008.

Fitzgerald, Fliram E., Karen Bruns, Steven T. Sonka, Andrew Furco, and Louis Swanson. "The Centrality of Engagement in Higher Education." *Journal of Higher Education Outreach and Engagement*, 16, no. 3 (2012): 7-27.

Freeland, Richard M. "Liberal Education and Effective Practice: The Necessary Revolution in Undergraduate Education." *Liberal Education* (Association of American Colleges and Universities), 95, no. 4 (Winter 2009): 6-13.

Giridharadas, Anand. "Real Change Requires Politics." *International Herald Tribune.* July 16, 2011. http://nyti.ms/1diuMbE (accessed November 2, 2014).

Goldsmith, Stephen, and Tim Glynn Burke. "Ignore Citizens and Invite Failure."

National Civic Review, 100, no.1 (Spring, 2011): 14-18.

Green, Patrick. "Intersecting Community-Based Learning and Social Entrepreneurship: Similar Methods or Differing Outcomes?". *Intersecting Education.* n.d. https://patrickmgreen.wordpress.com/intersecting-community-based-learning-and-socialentrepreneurship-similar-methodologies-or-differing-outcomes/ (accessed May 4, 2015).

Haas Center for Public Service. "Principles of Ethical and Effective Service." *Haas Center for Public Service.* 2014. http://studentaffairs.stanford.edu/haas/about/mission/principles (accessed January 3, 2015).

Hanleybrown, Fay, John Kania, and Mark Kramer. "Channeling Change: Making Collective Impact Work." *Stanford Social Innovation Review.* January 2012: 1-8 http://ssir.org/articles/entry/channeling_change_making_collective_impact_work# (accessed April 20, 2015).

Hines, Jr., Samuel M. "The Practical Side of Liberal Education: An Overview of Liberal Education and Entrepreneurship." *Peer Review* (AAC&U), 7, no. 9 (Spring 2005): 4-7.

Hobbes, Michael. "Stop Trying to Save the World: Big Ideas Are Destroying International Development." *The New Republic*, 245, no.19 (2014 November): 52-61.

Holland, Barbara A. "Will It Last? Evidence of Institutionalization at Carnegie Classified Community Engagement Institutions." *New Directions for Higher Education*, 147 (Fall 2009): 85-98.

Hutchinson, Patricia. "Service Learning: Challenges and Opportunities." *New Foundations.* 2001.http://newfoundations.com/OrgTheory/Hutchinson721.html (accessed February 21, 2013).

IUPUI Center for Service Learning. *Center for Service -Learning: Teaching, Research and Assessment.* n.d. http://csl.iupui.edu/teaching-research/curriculum/course-design/index.shtml (accessed April 8, 2015).

Jacoby, Barbara. "Facing the Unsettled Questions about Service-Learning." In *The Future of Service-Learning,* by Jean R. Strait and Marybeth Lima, 90-105. Sterling, VA: Stylus Publishing, 2009.

——. *Service-Learning Essentials: Questions, Answers, and Lessons Learned.* San Francisco, CA: Jossey-Bass, 2015.

Janus, Kathleen Kelly. "Bringing Social Entrepreneurship into the Classroom." *Stanford Social Innovation Review*. June 15, 2015. http://www.ssireview. org/blog/entry/bringing_social_entrepreneurship_into_the_classroom (accessed June 21, 2015).

Johnson, S. *Literature Review on Social Entrepreneurship.* Edmonton, Canada: Canadian Center for Social Entrepreneurship, 2000.

Jones, Angela Lewellyn, Beth Warner, and Pamela Kiser. "Service-Learning & Social Entrepreneurship: Finding the Common Ground." *Partnerships: A Journal of Service-Learning & Civic Engagement*, 1, no. 2 (2010): 1-15.

Kahne, Joseph, Joel Westheimer, and Bethany Rogers. "Service-learning and Citizenship: Directions for Research." *Michigan Journal of Community Service Learning*, 11, no. 1 (Special issue 2000): 42-51.

Kania, John, and Mark Kramer. "Collective Impact." *Stanford Social Innovation Review*, 19, no. 1 (Winter 2011): 36-41.

Kauffman Foundation. "Entrepreneurship Education Comes of Age on Campus." *Kauffman Foundation*. August 12, 2013. http://www.kauffman.org/ newroom/2013/08/entrepreneurship-educationcomes-of-age-on-campus (accessed April 1, 2015).

Kim, Marina. "Rethinking the Impact Spectrum." *Ashoka*. April 30, 2015. https:// ashoka.org/story/rethinking-impact-spectrum (accessed May15, 2015).

Klein, Paul. "Are Nonprofits Getting in the Way of Social Change?". *Stanford Social Innovation Review*. May 15, 2015. http://ssireview.org/blog/entry/ are_nonprofits_getting_in_the_way_of_social_change (accessed May 3,

2015).

Korgen, Kathleen Odell, and Jonathan M. White. *The Engaged Sociologist, 3rd ed*. Los Angeles, CA: Sage, 2011.

Korgen, Kathleen Odell, Jonathan M. White, and Shelley K. White. *Sociologists in Action*: *Sociology, Social Change, and Social Justice*. Los Angeles, CA: Sage, 2011.

Kretzman, John R., and John L. McKnight. *Build in g Communities from the Inside Out*. Chicago, IL: ACTA Publications, 1993.

Kuh, George D., and Ken O'Donnell. *Ensuring Quality & Taking High -Impact Practices to Scale*. Washington, DC: AAC&U, 2013.

Lewis, Tammy L. "Service Learning for Social Change? Lessons from a Liberal Arts College." *Teaching Sociology*, 32, no. 1 (2004): 84-108.

——. "Social Entrepreneurship Revisited." *Stanford Social Innovation Review*, 7, no. 3 (2009): 21-22.

Light, Paul C. *Driving Social Change: How to Solve the World's Toughest Problems*. New York: John Wiley, 2011.

——. The Search for Social Entrepreneurship. Washington, DC: Brookings Institution Press, 2008.

Litzky, Barrie E., Veronica M. Godshalk, and Cynthia Walton-Bongers. "Social Entrepreneurship and Community Leadership." *Journal of Management Education*, 34, no. 1 (February 2010): 142-162.

Long, Sarah. *The New Student Politics: The Wingspread Summit on Student Civic Engagement*. Providence, RI: Campus Compact, 2002.

Mair, Johnna, and Ignasi Marti. "Social Entrepreneurship Research: A Source of Explanation, Prediction, and Delight." *Journal of World Business*, 41, no.1 (2006): 36-44.

McBride, Amanda Moore, and Eric Mlyn. "Innovation Alone Won't Fix Social Problems." *Chronicle of Higher Education*. February 2, 2015. http://

chronicle.com/article/Innovation-Alone-Won-t-Fix/151551 (accessed March 31, 2015).

Mehta, Khanjan. "The Philosophy and Praxis of Convergence to Shapean Emergent High-Impact Learning Through Service Program." In *Convergence: Philosophies and Pedagogies for Developing the Next Generation of Humanitarian Engineers and Social Entrepreneurs*, by Thomas H. Colledge, 114-144. Boulder, CO: International Journal for Service Learning in Engineering, 2012.

——. "Philosophy of Engagement." *Penn State University*. n.d. http://sites.psu.edu/khanjanmehta/philosophy-of-engagement/ (accessed April 20, 2015).

Miller, Toyah L., Curtis L. Wesley, and Denise E. Williams. "Educating the Hearts and Minds of Caring Hearts: Comparing the Views of Practitioners and Educators on the Importance of Social Entrepreneurship Competencies." *Academy of Management Learning & Education*, 11, no. 3 (2011): 349-370.

Minnesota Campus Compact. "What Different Strategies Can We Use to Create Social Change." *Minnesota Campus Compact*. n.d. http://mncampuscompact.org/clio/what-different-strategies-can-we-use-to-create-positive-change/ (accessed July 15, 2014).

Mitchell, Tania D. "Traditional vs. Critical Service-Learning: Engaging the Literature to Differentiate Two Models." *Michigan Journal of Community Service Learning*, 14, no. 2 (Spring 2008): 50-65.

Mitchell, Tania D., and David M. Donahue. "'I Do More Service in This Class Than I Ever Do at My Site': Paying Attention to the Reflections of Students of Color in Service-Learning." In *The Future of Service-Learning: New Solutions for Sustaining and Improving Practice*, by Jean R. Strait and Marybeth Lima, 172-190. Sterling, VA: Stylus Publishing, 2009.

Morozov, Evgeny. "The Perils of Perfection." *The New York Times*, March 2, 2013. http://nyti.ms/18kzF7H.

——. *To Save Everything, Click Here: The Folly of Technological Solutionism.* Philadelphia, PA: Public Affairs, 2013.

Morton, Keith. "The Irony of Service: Charity, Project, and Social Change in Service-Learning." *Michigan Journal of Community Service Learning*, 2, no.1 (1995): 19-32.

Morton, Keith, and Sandra Enos. "Building Deeper Civic Relationshipsand New and Improved Citizens." *Journal of Public Affairs*, 6, no. 1 (2002): 83-102.

National Survey of Student Engagement. *From Promise to Progress: How Colleges and Universities Are Using Student Engagement Results to Improve College Quality.* Bloomington, IN: University Center for Postsecondary Research and Planning, 2002.

New England Resource Center for Higher Education. *All Community Engagement Classified Institutions: 2010 and 2015.* January 11, 2015. http://nerche. org/images/stories/projects/Carnegie/2015/2010_and2015_CE_Classified_ Institutions_revised_1_11_15.pdf (accessed March 15, 2015).

Newman, Frank. *Higher Education and the American Resurgence.* Princeton, NJ: The Carnegie Foundation for the Advancement of Teaching, 1985.

Noruzi, Mohammed Reza, Jonathan H. Westover, and Gholam Reza Rahimi. "An Exploration of Social Entrepreneurship in the Entrepreneurship Era." *Asian Social Science*, 6, no. 6 (June 2010): 3-10.

Ovogratz, Jacqueline. *The Blue Sweater: Bridging the Gap between the Rich and the Poor in an Interconnected World.* New York: Rodale Press, 2009.

Pache, Anne-Claire, and Imran Chowdhury. "Social Entrepreneurs as Institutionally Embedded Entrepreneurs: Toward a New Model of Social Entrepreneurship." *Academy of Management Learning & Education*, 11, no. 3 (September 2012): 494-510.

Prahalad, C. K. *The Fortune at the Bottom of the Pyramid: Eradicating Poverty through Profits*. Upper Saddle River, NJ: Wharton School Publishing, 2010.

Pigza, Jennifer, and Marie L. Troppe. "Developing an Infrastructure for Service-learning and Community Engagement." In *Building Partnerships for Service-Learning*, by Barbara Jacoby, 106-130. San Francisco, CA: Jossey-Bass, 2003.

Rheannon, Francesca. "The Light and Dark Side of Social Entrepreneurship." *CSWire*. August 15, 2013. http://www.cswire.com/blog/posts/977-the-light-and-dark-side-of-social-entrepreneurship (accessed March 20, 2015).

Saltmarsh, John. "The Civic Promise of Service Learning." *Liberal Education*, 91, no. 2 (2005): 50-55.

Schnaubelt, Thomas, and Jacqueline Smith. "Connecting Civic Engagement and Social Entrepreneurship." Campus Compact, February 14, 2013.

Schnaubelt, Thomas, and Mary Rouse. *TRUCEN Framework for Dialogue on Community Engaged Scholarship and Social Entrepreneurship*. Working Draft, The Research University Civic Engagement Network, 2013.

Singer, Peter. *The Most Good You Can Do: How Effective Altruism Is Changing Ideas about Living Ethically*. New Haven, CT: Yale University Press, 2015.

Social Enterprise Alliance. "Social Enterprise Is the Next Thing." n.d. http://www.se-alliance.org/ (accessed July 22, 2014).

Stanford University. "Public Service Pathways." *Haas Center for Public Service*. n.d. https://haas.stanford.edu/about/mission-and-principles/pathways-public-service (accessed July 15, 2014).

Torrance, Wendy. "Entrepreneurial Campuses: Action, Impact, and Lessons Learned from the Kauffman Campus Initiative." Ewing Marion Kauffman Foundation, 2013.

US. Department of Education. "Degrees in Business Conferred by Postsecondary Institutions." Washington, DC: National Center for Educational Statistics, 2013.

Urban Institute Center on Nonprofits and Philanthropy. *Are There Too Many Nonprofits?*. April 3, 2012. http://www.ustream.tv/channel/urban-inst-event (accessed May 1, 2013).

Vogelgesang, Lori J., Marcy Drummond, and Shannon K. Gilmartin. "How Higher Education Is Integrating Diversity and Service Learning: Findings from Four Case Studies." San Francisco, CA: California Campus Compact, 2003.

Weisbuch, Robert. "Imagining Community Engagement in American Higher Education." *Diversity & Democracy*, 18, no. 1 (2015): 8-11.

Welch, Marshall, and John Saltmarsh. "Current Practice and Infrastructures for Campus Centers of Community Engagement." *Journal of Higher Education Outreach and Engagement*, 17, no. 4 (November 2013): 25-55.

Wessel, Stacy, and Veronica M. Godshalk. "Why Teach Social Entrepreneurship: Enhance Learning and University-Community Relations through Service-Learning Outreach." *Journal of Higher Education Outreach and Engagement*, 9, no. 1 (2004): 25-39.

Winfield, Idee. "Fostering Social Entrepreneurship through Liberal Learning in the Social Sciences." *Peer Review*, 7, no. 3 (Spring 2005):15-19.

Worsham, Erin L. "Reflections and Insights on Teaching Social Entrepreneurship: An Interview with Gregory Dees." *Academy of Management Learning & Education*, 11, no. 3 (2012): 442-452.

Zietsma, Charlene, and Richard Tuck. "First, Do No Harm: Evaluating Resources for Teaching Social Entrepreneurship." *Academy of Management Learning & Education*, 11, no. 3 (2012): 512-517.